Sam Allberry

Sieben Mythen über das Single-Sein

Sam Allberry

Sieben Mythen über das **Single-Sein**

Sam Allberry
Sieben Mythen über das Single-Sein

Best.-Nr. 271789
ISBN 978-3-86353-789-0
Christliche Verlagsgesellschaft Dillenburg

Titel des amerikanischen Originals:
7 Myths about Singleness

Published by Crossway, a publishing ministry of Good News Publishers
Wheaton, Illinois 60187, U.S.A.
This edition published by arrangement with Crossway.

Wenn nicht anders angegeben,
wurde folgende Bibelübersetzung verwendet:
Elberfelder Bibel 2006, © 2006 by SCM R.Brockhaus in der
SCM Verlagsgruppe GmbH Witten/Holzgerlingen.
Außerdem wurde verwendet:
NeÜ bibel.heute (NeÜ)
© 2010 Karl-Heinz Vanheiden und Christliche Verlagsgesellschaft.
Zürcher Bibel (Ausgabe 2007), © Verlag der Zürcher Bibel
beim Theologischen Verlag Zürich (ZÜ)

1. Auflage

www.cv-dillenburg.de

Übersetzung: Anna Knopf
Satz und Umschlaggestaltung: Christliche Verlagsgesellschaft Dillenburg
Umschlagmotiv: © Pixabay.com/lobsart

Druck: GGP Media GmbH, Pößneck
Printed in Germany

Wenn Sie Rechtschreib- oder Zeichensetzungsfehler entdeckt haben,
können Sie uns gerne kontaktieren: info@cv-dillenburg.de

Inhalt

Stimmen zum Buch

„Sam Allberry deckt etliche unbewusste Ansichten über Single-Sein und Enthaltsamkeit auf, die unsere Sicht auf das Leben von Singles bestimmen. Nachdem er diese Ansichten aufgedeckt hat, widerlegt er sie mit der Bibel und zeigt uns bessere Alternativen. Es wäre jedoch ein großer Fehler zu denken, dass sich dieses Buch nur an Singles richtet. Wenn Sam recht hat – und das hat er –, dann muss die gesamte Gemeinde die biblische Lehre zu diesem Thema verstehen. Die örtliche Gemeinde soll nicht nur ein lockeres Netzwerk aus Familien sein, sondern ein enger Familienverband aus Ehepaaren und Singles, die gemeinsam als Brüder und Schwestern leben. Dieses Buch zeigt uns, wie das geht."

Timothy J. Keller
Pastor im Ruhestand, *Redeemer Presbyterian Church,* New York City

„*Sieben Mythen über das Single-Sein* bietet einen erfrischenden biblischen Blick auf ein oft vernachlässigtes Thema. Allberry will das Single-Sein von seinem Stigma befreien und Christen dabei helfen, biblisch über die Berufung von Singles im Leib Christi zu denken. Dieses zeitlose Werk wird der Gemeinde noch jahrelang gute Dienste leisten."

Russell D. Moore
Vorsitzender der *Ethics & Religious Liberty Commission of the Southern Baptist Convention*

„*Sieben Mythen über das Single-Sein* lässt die Herrlichkeit Jesu, der ein alleinstehender Mann war, auf eine für uns alle hilfreiche Weise aufleuchten. Sam Allberry öffnet uns die Augen und zeigt uns, wie wir uns selbst und einander besser verstehen können, wie wir als Verheiratete oder Alleinstehende unser Leben gut führen können, und vor allem, wie wir damit aufhören können, irgendwelchen Mythen nachzujagen, die uns doch nur das Herz brechen. Das gelingt ihm, indem er uns mehr von Jesus zeigt, und zwar im wahren Leben, im Hier und Jetzt. Ich als Verheirateter habe beim Lesen oft gedacht: ‚Genau das brauche ich! Das ist hilfreich!' Ich denke, auch Sie werden von dem Buch profitieren."

Ray Ortlund
Hauptpastor der *Immanuel Church,* Nashville, Tennessee

„Viel zu oft sieht die Gemeinde Alleinstehende als Menschen an, denen geholfen werden muss oder mit denen etwas nicht stimmt. Sam Allberry liefert eine seelsorgerliche Anleitung, die diese Sicht korrigiert und der Gemeinde hilft, als Familie Gottes zu leben. Ich danke Gott für Sam Allberry und sein neues Buch!"

Rosaria Butterfield
Ehemalige Englischdozentin an der *Syracuse University,* Autorin von *Offene Türen öffnen Herzen*

„In Sam Allberrys *Sieben Mythen über das Single-Sein* ist kein einziges Wort überflüssig. Sein Tonfall, seine Gedankenführung, sein Humor und seine biblische Begründung machen dieses Buch zu einem der besten, das in den letzten Jahren zu diesem Thema erschienen ist. Sam Allberry hat sich nicht nur viele Gedanken über das Single-Sein gemacht, er lebt selbst als Single und verherrlicht Jesus damit. Zu oft liegt der Fokus in Büchern auf der Ehe – oder auf der Ehevorbereitung. Davon werden Sie hier nichts lesen. Stattdessen entlarvt er die Lügen, in denen sich Unverheiratete oft gefangen sehen, und zeigt ihnen ein Leben in der Fülle, das Jesus jedem einzelnen Menschen bietet. Ich werde oft gefragt, welches das beste Buch über Single-Sein ist, und ich bin dankbar, es endlich gefunden zu haben.

Lore Ferguson Wilbert
Autor von *Handle with Care: Why Jesus Came to Touch and How We Should*

Für
Brian und Leslie Roe und Daniel und Sarah Roe,
Dan und April DeWitt,
Tim und Kathy Keller,
Ray und Jani Ortlund.
Danke, dass Ihr mir einen Schlüssel überlassen habt,
dass Ihr mich in Eure Familie aufgenommen und
mir ein zweites Zuhause geschenkt habt.

Einleitung

Es hat sich gezeigt, dass wir gar nicht so viel wissen, wie wir meinen.

Eine der beliebtesten Comedy-Sendungen in Großbritannien ist *QI* (für *Quite Interesting* = Ziemlich interessant). Jede Woche werden den Podiumsgästen interessante und wenig bekannte Fakten zur Diskussion gestellt. Ein Teil der Sendung widmet sich der „allgemeinen Unwissenheit“ – Dingen, die man allgemein als Tatsachen voraussetzt, die aber in Wahrheit falsch sind. So haben wir gar nicht zwei Nasenlöcher, sondern vier (zwei davon kann man nicht sehen). Der Mount Everest ist gar nicht grundsätzlich der höchste Berg der Welt (das hängt davon ab, ob man vom Meeresspiegel oder vom Erdmittelpunkt aus misst). König Heinrich der VIII. hatte gar keine sechs Frauen (es ist kompliziert). Die Erde hat nicht nur einen Mond (es kreisen jede Menge nicht von Menschen gemachte Dinge um die Erde, die streng genommen als Monde gelten).[1] Und so weiter. Oft scheinen wir deutlich weniger zu wissen, als wir annehmen.

Das gilt nicht nur für Berge, Monde, Könige und Nasenlöcher, sondern auch für das Single-Sein. Vieles von dem, was wir in Bezug auf das Single-Dasein gemeinhin annehmen, ist entweder schlichtweg falsch oder sollte es zumindest sein. Und bei fast allen dieser Dinge handelt es sich, wie wir sehen werden, um negative Aspekte. In unserem Denken ist das Single-Dasein zwar nicht ausgesprochen *schlecht,* aber auch nicht wirklich gut. Ein

Schriftsteller hat einmal den Unterschied zwischen christlichen Büchern über die Ehe und über das Single-Dasein aufgezeigt[2]: In Ehe-Büchern wird diese als etwas Hervorragendes dargestellt, und es bleibt uns nur noch, sie besser zu verstehen und vielleicht ein, zwei potenzielle Fallstricke zu meiden. Aber Bücher über das Single-Dasein haben normalerweise einen anderen Ausgangspunkt: Das Single-Dasein ist schlimm, und diese Bücher wollen helfen, es lediglich etwas erträglicher zu machen.

Das zeigt sich sogar in unseren Beschreibungen des Single-Daseins. Es wird fast immer negativ definiert, als das Fehlen von etwas. Es ist der Zustand des Nicht-verheiratet-Seins. Es ist die Abwesenheit der besseren Hälfte. Diese Definitionen anhand von Negationen verstärken die Vorstellung davon, dass das Single-Sein an sich nicht gut sein kann, sondern vielmehr ein Zustand des Mangels ist – es fehlt an dem, was an der Ehe an sich gut ist.

Ich merke das oft, wenn sich Leute einander vorstellen. Wenn jemand fragt: „Sind Sie verheiratet?“, oder: „Haben Sie Familie?“, und die Antwort darauf fällt positiv aus, dann ist der Fragende entzückt, und es entwickelt sich eine lebhafte Diskussion darüber, wie Sie und Ihr Ehepartner sich kennengelernt haben oder wie alt Ihre Kinder sind. Doch bei einer negativen Antwort wissen die Leute oft nicht so recht, wie sie damit umgehen sollen. Die Unterhaltung gerät ins Stocken. In einem Gespräch ist das Thema Ehe so etwas wie eine Kreuzung, von der aus mehrere interessante Diskussionsstraßen abgehen. Das Stichwort „Single“ ist dagegen eher wie eine Sackgasse, aus der man sich umständlich wieder herausmanövrieren muss.

Es ist wichtig zu erklären, was genau ich mit „Single-Dasein“ meine, denn das hat große Auswirkungen auf unsere Diskussion.

Von der christlichen Warte aus bedeutet Single-Sein, dass man sowohl unverheiratet ist und (zumindest solange man nicht heiratet) sexuell enthaltsam lebt. Die Bibel macht klar, dass Sex außerhalb der Ehe Sünde ist, was auch Jesus in seinen Lehren unterstreicht. Ein Single muss sich von jeder sexuellen Aktivität enthalten. Wer langfristig single ist, ist als Christ auch langfristig sexuell enthaltsam.

Das unterscheidet sich radikal von der uns umgebenden säkularen Kultur, in der für Singles Ersteres (nicht verheiratet zu sein) zwar durchaus gilt, Zweiteres (enthaltsam zu sein) jedoch nicht. Und da die Ehe oft in mancher Hinsicht als Einschränkung wahrgenommen wird, gilt das Leben als Single im säkularen Kontext gerne als positiv und wohltuend frei. Hier kann man sexuelle Erfüllung finden, ohne all die lästigen Verpflichtungen, die eine Ehe mit sich bringt. Man kann eine Beziehung nach der anderen haben, wenn man meint, dass das glücklich macht. Die bekannte britische Journalistin und Moderatorin Mariella Forstrup beschrieb das Leben als Single einmal mit den Worten: „Man hat genug Geld, guten Sex und ein Leben ohne Schuldgefühle.“[3]

Für einen Christen kann das Single-Sein also etwas ganz anderes bedeuten als für einen Nichtchristen. Kein Wunder, dass vielen die christlichen Vorstellungen von Enthaltsamkeit und Keuschheit so gar nicht erstrebenswert erscheinen. Als ich die beiden Wörter „Enthaltsamkeit“ und „Keuschheit“ tippte, merkte ich, wie altmodisch sie sind. Sie scheinen eher zu einer Folge von *Downton Abbey* zu passen als zu unserem heutigen Leben. Ich vermute, dass es dafür einen ganz einfachen Grund gibt: Es gibt heute dafür keine gleichwertigen Begriffe, wir müssen uns also der Sprache vergangener Generationen bedienen, um sie zu beschreiben. Offen gesagt ist Enthaltsamkeit den meisten

Menschen unserer Zeit suspekt. Sie halten sie für ungesund. Vor diesem kulturellen Hintergrund ist es keine Überraschung, dass solche Gedanken auch vielfach in die Gemeinden Einzug gehalten haben.

Und damit kommen wir wieder zurück auf die „allgemeine Unwissenheit". Henry VIII hatte gar keine sechs Frauen. Und das Single-Dasein ist nicht an sich schlecht. In der Bibel wird es als gut beschrieben. Sogar als Segen. An und für sich ist es ein wunderbares Geschenk Gottes, das wir annehmen und wertschätzen sollten. Lesen Sie weiter, dann finden Sie hoffentlich heraus, warum.

Das meiste, was wir zu wissen meinen, stimmt tatsächlich nicht. Das Ziel dieses Buches ist, der ganzen Gemeinde bewusst zu machen, wie gut das Single-Dasein ist. Es ist offensichtlich, dass Alleinstehende das wissen müssen, aber alle anderen eben auch. Die biblische Lehre über das Single-Sein wurde der ganzen Gemeinde gegeben.

Die längste und ausführlichste Abhandlung über das Single-Sein finden wir in 1. Korinther 7, wobei sie auf den ersten Blick meinen bisherigen Ausführungen zu widersprechen scheint. Paulus spricht über Ehe und Single-Sein und wendet sich dabei an verschiedene Zielgruppen, die er direkt anspricht: „Ich sage aber den Unverheirateten und den Witwen ..." (V. 8), „Den Verheirateten aber gebiete nicht ich ..." (V. 10), „Den Übrigen aber sage ich ..." (V. 12). Doch obwohl Paulus alle diese Gruppen gezielt anspricht, will und erwartet er, dass die ganze Gemeinde dabei zuhört. Ich bin kein Witwer (und werde nie einer sein), doch die Worte, die die Bibel an diese richtet, gelten trotzdem auch mir. Ich darf sie nicht überspringen. Und auch wenn ich kein Vater bin, sind an Eltern gerichtete Abschnitte dennoch

Gottes Wort für mich. Das Gleiche gilt für alle Bibelstellen über das Leben als Single. Gottes Worte an Alleinstehende über das Single-Dasein gehen alle etwas an, unabhängig von Alter oder Familienstand. Dafür gibt es zwei Gründe.

Erstens: Die meisten von uns, die heute verheiratet sind, werden eines Tages wieder alleinstehend sein. Als Verheirateter denkt man meist nicht gerne über diese Tatsache nach. Aber Sie sollten es. In der Regel sterben nämlich nicht beide Ehepartner gleichzeitig. Während ich diese Zeilen schreibe, sind es fast auf den Tag genau 24 Jahre her, dass meine Großmutter starb. Meine Familie war am Boden zerstört, und erst recht ihr Mann, mein Großvater „Pop". Niemand von uns wusste, wie er damit zurechtkommen würde, trotz der großen und liebevollen Familie, die ihn unterstützte. Dennoch muss er seit ihrem Tod nun schon seit Jahrzehnten als Alleinstehender leben. Pop ist inzwischen beinahe so lange nicht verheiratet, wie er verheiratet war, und das will etwas heißen, denn immerhin waren sie über 50 Jahre lang verheiratet (er wird in wenigen Monaten 100).

Todesfälle machen aus vielen Verheirateten wieder Alleinstehende. Es ist ernüchternd und traurig, darüber nachzudenken, aber auch notwendig. Wenn man dazu alle Ehen zählt, die geschieden werden, steigt die Zahl derer, die am Ende wieder single sind, noch weiter. Ein Ring am Finger ist keine Garantie dafür, dass wir in der Zukunft nicht doch alleinstehend sind. Wir sollten besser früher als später sorgfältig darüber nachdenken, was die Bibel über das Single-Sein sagt.

Zweitens betrifft uns das Thema alle. Die Bibel spricht von der örtlichen Gemeinde wiederholt als von einem Leib; wir können also nicht kommen und gehen, wie es uns gefällt. Nein, Paulus sagt uns: „Denn wie wir in einem Leib viele Glieder haben, aber die Glieder nicht alle dieselbe Tätigkeit haben, so sind wir, die vielen, ein Leib in Christus, einzeln aber Glieder voneinander" (Röm 12,4.5). Wir sind ein Leib. Wir gehören zusammen. Was einem von uns geschieht, hat somit Auswirkungen auf alle. Wenn jemand Probleme hat, leiden alle mit. Wir sind miteinander verbunden, daher muss ich wissen, wie Ihr Leben als Christ in Ihrer Situation ist, und Sie müssen wissen, wie es mir geht.

Das umfasst weit mehr als nur die Themen Ehe oder Single-Sein. Doch es zeigt mir, dass ich als Alleinstehender zu der Gesundheit von Ehen in meiner Gemeindefamilie beitrage. Und Verheiratete tragen zur Gesundheit meines Single-Seins bei. Das gehört zur Gemeinschaft dazu. Und wenn man bedenkt, wie viele in unserer örtlichen Gemeinde vielleicht alleinstehend sind, wird es noch dringlicher, dass wir alle an einem Strang ziehen, einander verstehen und in die gleiche Richtung gehen. Es liegt im Interesse von uns allen, der gesamten Gemeinde – ob alleinstehend oder verheiratet –, dass wir die positive Sicht der Bibel auf das Single-Sein verstehen.

Doch das bedeutet, mit einigen weitverbreiteten Missverständnissen aufzuräumen.

1
Single-Sein ist zu schwer

In der Gesellschaft im Allgemeinen wird das Single-Dasein (wie wir bereits gesehen haben) nicht grundsätzlich als Problem angesehen. *Enthaltsamkeit* dagegen schon. Es ist okay, nicht zu heiraten, vielleicht sogar gut – man ist frei und ungebunden. Doch ohne sexuelle oder romantische Intimität zu leben ist etwas ganz anderes.

Das illustrieren auch zwei Kinofilme der letzten Jahre.[4] Nehmen wir z. B. Steve Carells Komödie *Jungfrau (40), männlich, sucht* ... Der ganze Film basiert auf der Vorstellung, es sei absolut lächerlich, mit 40 noch Jungfrau zu sein. Die Menschen sind entsetzt, wenn sie es herausfinden. Der Protagonist wird von manchen wie ein Kind behandelt, immerhin scheint er ja noch nicht wirklich erwachsen zu sein. Und natürlich besteht das Happy End des Films darin, dass er seine Jungfräulichkeit verliert. Was das für Auswirkungen auf ihn hat, wird überzogen dargestellt, doch in einem hat der Film recht: Er hat nun einen sehr wichtigen Teil des Lebens für sich entdeckt.

Ein anderes Beispiel ist der Film *40 Tage und 40 Nächte*. Der Untertitel des amerikanischen Originals sagt alles: „Ein Mann ist bereit, das Undenkbare zu tun. Kein Sex. In keiner Form. 40 Tage und 40 Nächte lang." Denken Sie einmal einen Moment darüber nach. 40 Tage und 40 Nächte ist weder eine willkürlich gewählte

Zeitspanne noch eine willkürliche Beschreibung. In den Evangelien lesen wir, dass Jesus 40 Tage und Nächte ohne Essen in der Wüste verbrachte (Mt 4,2). Die christliche Fastenzeit, in der man auf bestimmte Dinge verzichtet, ist ebenso lang. 40 Tage und 40 Nächte sind zum Standardmaß für Menschen geworden, die ernst damit machen, sich bestimmter Dinge zu enthalten. Wir sind bereit, so lange auf Schokolade, Kohlenhydrate, soziale Medien oder Fernsehen zu verzichten. Aber so lange ohne Sex? *Undenkbar!* Ich habe einmal ausgerechnet, dass ich diese Zeitspanne mehr als 200-mal durchgestanden habe. Einmal ist schon undenkbar. Aber mehr als 200-mal? Das ist völlig jenseits von Gut und Böse. Ich habe einmal gehört, wie jemand Menschen wie mich, die dauerhaft enthaltsam leben, als Einhörner bezeichnete: Man hat zwar schon mal von ihnen gehört, rechnet aber nicht wirklich damit, je einem zu begegnen.

Solchen Filmkomödien liegt die gravierende, in der heutigen westlichen Welt so weit verbreitete Vorstellung zugrunde, dass man ohne Sex nicht wahrhaft Mensch sein kann. Danach ist unser Menschsein direkt mit unserem Sexleben verknüpft. Wenn wir diese Seite ignorieren, sie nicht bewusst ausdrücken und ausleben, dann schaden wir uns angeblich selbst. Es ist ein grundlegender Aspekt unserer menschlichen Natur, und den zu unterdrücken sei ungesund. Wir Langzeit-Singles sind nicht nur wunderlich und altmodisch, sondern möglicherweise sogar irre. Etwas stimmt nicht mit uns.

Es gilt schon als fragwürdig genug, sich selbst für einen solchen Lebensstil zu entscheiden, doch das auch noch von allen anderen im Namen der Religion zu fordern, trifft auf breite Ablehnung. Andere Menschen zur sexuellen Enthaltsamkeit außerhalb der Ehe aufzurufen, wird heute als völlig unnötig und unmenschlich angesehen. Wer die biblischen Lehren über Sexualethik hochhält, wird beschuldigt, anderen das „Zölibat aufzuzwingen" und dadurch großen Schaden anzurichten.

All das bedeutet, dass wir glasklar definieren müssen, was die Bibel tatsächlich zu all dem sagt.

Jesus über Sex und Ehe

Ein heute weitverbreiteter Mythos besagt, Jesus sei im Bereich der Sexualethik tolerant gewesen. Viele Menschen neigen zu der Überzeugung, das Alte Testament urteile sehr streng über Ehe und Sexualität, und Paulus habe beim Verfassen einiger seiner Briefe wohl so was wie das theologische Äquivalent eines schlechten Tages gehabt. Jesus dagegen sei in diesem Bereich viel entspannter gewesen und habe sich anscheinend an vielen Dingen nicht gestört, die man seinen heutigen Nachfolgern vorwirft.

Doch die Annahme, Jesus habe nichts Herausforderndes über Sex zu sagen gehabt, ist falsch. Vielmehr nimmt er die umfassende alttestamentliche Sexualethik und verschärft sie sogar noch. Als Erstes definiert Jesus Sex außerhalb der Ehe als Sünde:

> *Denn aus dem Herzen kommen hervor böse Gedanken: Mord, Ehebruch, Unzucht, Diebstahl, falsche Zeugnisse, Lästerungen; diese Dinge sind es, die den Menschen verunreinigen, aber mit ungewaschenen Händen zu essen, verunreinigt den Menschen nicht. (Mt 15,19-20)*

Jesus macht klar, dass man sich nur zu leicht verunreinigen kann und sich damit geistlich unakzeptabel für Gott macht. Die

Pharisäer, mit denen er sprach, glaubten im Großen und Ganzen, dass man sich eine Verunreinigung wie eine Erkältung zuzöge: Wenn man infizierte Menschen und Orte meidet, könne man gesund bleiben. Sie setzten also alles daran, die zeremoniellen Waschungen durchzuführen und sich von Menschen fernzuhalten, die sie für geistlich unrein hielten. Doch Jesus zeigt ihnen, dass Unreinheit nicht so sehr etwas Äußerliches ist, sondern vielmehr etwas Innerliches. Sie tritt nicht von außen an uns heran, sodass wir sie meiden könnten, sondern sie ist in uns und muss von uns eingestanden werden – sie *entspringt unserem Herzen*. Das zeigt sich in vielen unserer Einstellungen und Verhaltensweisen, wie Jesus beispielhaft aufzählt: böse Gedanken, Mord, Ehebruch, Unzucht, Diebstahl, falsche Zeugnisse, Lästerungen.

Diese Liste ist nicht vollständig, aber repräsentativ. Und mittendrin lesen wir das Wort „Unzucht“ (oder: sexuelle Unmoral, Hurerei). Es handelt sich um die Übersetzung des griechischen Wortes *porneia*, das Matthäus ursprünglich verwendete. Das Wort kommt uns bekannt vor, denn es ist die Wurzel von *Pornografie*. Zur Zeit Jesu bezog sich *porneia* auf jegliche sexuelle Aktivität außerhalb der Ehe. Dazu zählten: Sex vor der Ehe, Prostitution, Ehebruch (den Jesus separat aufführt) und gleichgeschlechtlicher Sex. Ein solches Sexualverhalten macht uns laut Jesus unrein. Es ist nicht das einzige Verhalten, das uns verunreinigt (wie die restliche Liste deutlich macht), aber es gehört dazu. Sex außerhalb der Ehe ist Sünde. Also sieht Jesus mit anderen Worten, wie ich fürchte, den größten Teil aller sexuellen Aktivitäten in unserer heutigen Welt als moralisch verwerflich an. Ganz so tolerant in Bezug auf Sex ist er dann doch nicht.

Doch Jesus lehrt noch etwas viel Herausfordernderes. In seiner berühmten Bergpredigt sagt er unter anderem:

Ihr habt gehört, dass gesagt ist: Du sollst nicht ehebrechen. Ich aber sage euch, dass jeder, der eine Frau ansieht, sie zu begehren, schon Ehebruch mit ihr begangen hat in seinem Herzen. (Mt 5,27-28)

In diesem Abschnitt der Bergpredigt stellt Jesus die Traditionen der damaligen religiösen Lehrer der Herzenseinstellung gegenüber, die Gott durch sein Gesetz in den Menschen fördern wollte und die sein Volk kennzeichnen sollte. Es wurde offensichtlich damals gelehrt, das Gesetz hauptsächlich auf Äußerlichkeiten zu beziehen, also zeigt Jesus ihnen, dass es in Wahrheit viel tiefer geht. Er macht deutlich, dass es nicht ausreicht, den körperlichen Akt des Ehebruchs zu meiden. Gott verlangt von uns vielmehr ehrbare Motive und eine gottgemäße Einstellung. Es geht nicht nur darum, was wir *tun* (oder eben nicht tun), sondern sogar darum, was und wie wir *denken*. Jesus schwächt das alttestamentliche Gesetz gegenüber seinen Zuhörern nicht ab, er verschärft es vielmehr.

Das sehen wir auch in folgendem Abschnitt:

Und Pharisäer kamen zu ihm, versuchten ihn und sprachen: Ist es einem Mann erlaubt, aus jeder beliebigen Ursache seine Frau zu entlassen? Er aber antwortete und sprach: Habt ihr nicht gelesen, dass der, welcher sie schuf, sie von Anfang an als Mann und Frau schuf und sprach: „Darum wird ein Mensch Vater und Mutter verlassen und seiner Frau anhängen, und es werden die zwei ein Fleisch sein" – sodass sie nicht mehr zwei sind, sondern ein Fleisch? Was nun Gott zusammengefügt hat, soll der Mensch nicht scheiden. (Mt 19,3-6)

Jesus wird über Scheidung befragt, doch in seiner Antwort geht er nicht darauf ein. Stattdessen spricht er über die Ehe. Dafür zitiert er 1. Mose 1 und 2. Seine Worte „dass der, welcher sie schuf, sie von Anfang an als Mann und Frau schuf“ beziehen sich auf 1. Mose 1,27. Direkt danach gibt er 1. Mose 2,24 wieder: „Darum wird ein Mann seinen Vater und seine Mutter verlassen ...“ Jesus macht deutlich, dass er nicht nur die Weisheit der Alten sucht, wenn er sich auf diese frühen Schriften bezieht. Es ist schließlich „der, welcher sie schuf“, der sagt: „Darum wird ein Mensch Vater und Mutter verlassen und seiner Frau anhängen, und es werden die zwei ein Fleisch sein.“ Es ist der Schöpfer selbst, der erklärt, worin eine Ehe besteht. Wir sehen in diesen Worten also die Vorlage unseres Schöpfers für die menschliche Sexualität. Es ist keine überragende menschliche Weisheit, sondern der Plan unseres Schöpfers für uns.

Dieser Plan macht klar, dass Ehe in Gottes Sinn aus einem Mann und einer Frau besteht, die auf Lebenszeit zusammenbleiben. Nur dadurch, sagt Jesus, können zwei Menschen „ein Fleisch“ werden. Dies ist nicht etwas, was rückgängig gemacht oder aufgehoben werden kann. Und als Jesus dies weiter ausführt und erklärt, was das für unser Denken über das Thema Scheidung bedeutet, geben die Jünger eine sehr aufschlussreiche Antwort:

> *Seine Jünger sagen zu ihm: Wenn die Sache des Mannes mit der Frau so steht, so ist es nicht ratsam zu heiraten. (Mt 19,10)*

Das ist aus einem einfachen Grund so aufschlussreich. Im Laufe der Jahre habe ich diese Worte zigmal gelesen, doch erst kürzlich ist mir aufgefallen, dass Jesus in seinen Reden über die Ehe den Menschen eher vom Heiraten *abrät.* Den Jüngern wird klar, was für eine ernste Angelegenheit die Ehe ist. *Vielleicht lassen wir es besser,* denken sie. *Das klingt nach ein bisschen zu viel Verpflichtung.* Ihre Reaktion ist verständlich, doch sie hat mich zum Nachdenken angeregt. Einer der Vorteile meines Berufs als Pastor besteht darin, dass ich ziemlich oft Hochzeitspredigten halten darf. Doch noch nie ist jemand zu mir gekommen, nachdem ich über die Bedeutung der Ehe gepredigt habe, und hat gesagt: „Vielleicht heirate ich dann doch lieber nicht." Also habe ich mich gefragt, ob ich wirklich die Sichtweise *Jesu* lehre. Sein Standard in Bezug auf Sex und Ehe ist nicht leicht zu erfüllen.

Das scheint auch seine Antwort an die Jünger zu unterstreichen:

> *Er aber sprach zu ihnen: Nicht alle fassen dieses Wort, sondern die, denen es gegeben ist. (Mt 19,11)*

Unter Experten wird oft diskutiert, ob sich „dieses Wort" auf alles bezieht, was Jesus gerade gepredigt hat, oder auf die Antwort der Jünger auf seine Lehre. Im ersten Fall unterstreicht Jesus damit, dass die Ehe nach christlichem Maßstab nichts für jeden ist und dass für den Rest die einzige Alternative in Enthaltsamkeit besteht. Bezieht sich Jesus auf den zweiten Fall – auf die Bemerkung der Jünger, es sei besser, nicht zu heiraten –, meint er damit, dass nicht alle zu diesem Lebensstil der Enthaltsamkeit imstande sind, einige allerdings schon, und daher seine Bemerkung über die „Verschnittenen". Entweder ist also die christliche Sicht der Ehe schwer anzunehmen oder die christliche Sicht des Single-Daseins.

In gewissem Sinn macht das keinen großen Unterschied. Es ist ein Fakt, dass sowohl die Ehe als auch das Single-Dasein hart sein können. Beide haben ihre eigenen Herausforderungen. Keins von beiden ist die leichtere Alternative, wobei die Herausforderungen für Verheiratete ganz andere sind als für Alleinstehende. Ich glaube jedoch, dass sich Jesus auf das bezieht, was er gerade gelehrt hat. Es ist ein hartes Wort, und nicht alle können es akzeptieren.[5]

Wenn die Jünger gehofft hatten, Jesus mit ihrer heftigen Reaktion zu einem Rückzieher zu bewegen, dann muss seine Antwort für sie wie ein Schlag ins Gesicht gewesen sein. Jesus weicht nicht von seiner Position ab. Stillschweigend stimmt er ihrer Ansicht über das Heiraten zu.[6] Es *ist* schwer. Was also ist die Antwort? Interessanterweise nicht das unverheiratete Zusammenleben.

Sondern Enthaltsamkeit.

Jesus fährt fort:

> *Denn es gibt Verschnittene, die von Mutterleib so geboren sind; und es gibt Verschnittene, die von den Menschen verschnitten worden sind; und es gibt Verschnittene, die sich selbst verschnitten haben um des Reiches der Himmel willen. Wer es fassen kann, der fasse es.* (Mt 19,12)

Verschnittene oder Eunuchen zu Zeiten Jesu waren enthaltsam lebende Männer, insbesondere solche, die kastriert worden waren. Jesus sagt dann weiter, dass einige darunter unfreiwillige Kastraten waren: Sie wurden entweder so geboren oder von anderen dazu gemacht. Doch andere verzichteten freiwillig auf die Ehe. Barry Danylak sagt: „Mit dem Begriff *Verschnittene* meinte Jesus mehr, als dass jemand nicht heiratete, sondern dass jemand bewusst auf das Recht zu heiraten und sich fortzupflanzen verzichtete ... Jesus deutet hier an, dass manche Menschen um des Reiches Gottes willen bereitwillig den Segen von Ehe und Nachkommen aufgeben."[7] Zu gegebener Zeit werden wir uns noch weiter damit befassen, doch erst einmal können wir festhalten: Als die Jünger die Möglichkeit der Ehelosigkeit ansprechen, redet Jesus mit ihnen über Verschnittene. In seinen Augen ist das die einzige gottgemäße Alternative zur Ehe.

Solche Aussagen sind herausfordernd, aber eindeutig. Fassen wir die drei Abschnitte zusammen:

- Sex außerhalb der Ehe ist Sünde. (Mt 15,19)
- Sexuelle Sünde beinhaltet nicht nur den körperlichen Akt, sondern auch unsere Gedanken und Einstellungen. (Mt 5,28)
- Ehe ist eine lebenslange Verbindung zwischen einem Mann und einer Frau. Die gottgemäße Alternative dazu heißt Enthaltsamkeit. (Mt 19,4-5.10-12)

Jesus ist in Bezug auf Sexualität also keineswegs so tolerant, wie das heute gemeinhin angenommen wird. Er weicht auf keinen Fall die verbreiteten, aus dem Alten Testament abgeleiteten jüdischen Traditionen zur Sexualethik auf, sondern verstärkt sie sogar noch. Für diejenigen, die ihm nachfolgen wollen, ist Unverheiratet-Sein gleichbedeutend mit Single-Sein und Enthaltsamkeit.

Das Gute am Single-Sein

Wir haben nun die Begrifflichkeiten geklärt. Doch die zentrale Frage ist noch immer unbeantwortet: Ist biblisches Single-Dasein zu schwer? Sehen wir uns noch einmal den Austausch zwischen Jesus und seinen Jüngern nach seiner Lehre über Ehe und Scheidung an:

> *Seine Jünger sagen zu ihm: Wenn die Sache des Mannes mit der Frau so steht, so ist es nicht ratsam zu heiraten. Er aber sprach zu ihnen: Nicht alle fassen dieses Wort, sondern die, denen es gegeben ist; denn es gibt Verschnittene, die von Mutterleib so geboren sind; und es gibt Verschnittene, die von den Menschen verschnitten worden sind; und es gibt Verschnittene, die sich selbst verschnitten haben um des Reiches der Himmel willen. Wer es fassen kann, der fasse es. (Mt 19,10-12)*

Wir sehen also wieder: Die Jünger gehen davon aus, dass die Ehe zu schwer ist. Dem widerspricht Jesus nicht. Die Ehe (wie er sie darstellt) ist nicht leicht. Sie *ist* schwer. Nicht für jeden ist sie der beste Weg. Deswegen entscheiden sich einige dazu, wie Verschnittene zu leben. Heute gehen wir oft von einem ganz anderen Ausgangspunkt aus: Enthaltsamkeit erscheint uns zu schwer, also sollte die Ehe leichter ermöglicht werden, und wir definieren sie sogar neu, damit mehr Leute in ihren Genuss kommen. Die Gedanken Jesu scheinen jedoch in genau die entgegengesetzte Richtung zu gehen. Die Ehe ist für einige zu schwer, also empfiehlt er Enthaltsamkeit.

Wir müssen uns daran erinnern, dass sich Jesus selbst um des Reiches Gottes willen ebenfalls zum Verschnittenen machte. Freiwillig wurde er für uns ganz Mensch. Freiwillig wurde er ein Mann. Er war ein Mensch mit Sexualität, wie wir alle. Doch er lebte enthaltsam. Er heiratete nie. Er hatte noch nicht einmal eine romantische Beziehung. Oder Sex. Jesus ruft niemanden zu einem Standard auf, den er nicht selbst gelebt hätte. Er rief keine Alleinstehenden zu einer sexuellen Enthaltsamkeit auf, die ihm selbst unbekannt gewesen wäre. Er lebte, was er lehrte.

Doch es steckt noch mehr dahinter. Jesus war nicht nur das Vorbild eines nicht scheinheiligen Lehrers, er ist auch das Modell eines perfekten Menschen. Es ist die Art von Menschsein, zu der wir alle berufen sind, die wir jedoch nie erreichen werden. Er war der vollkommenste Mensch, die menschlichste Person, die je gelebt hat. Dass er nicht heiratete, war also kein Zufall. Es zeigt uns, dass alle diese Dinge – Ehe, romantische Erfüllung, sexuelle Erfahrungen – nicht zwingend zu einem erfüllten Menschsein dazugehören. Wenn wir etwas anderes behaupten und sagen, ein Leben der Enthaltsamkeit sei unmenschlich, unterstellen wir damit, dass Jesus selbst unmenschlich, kein wahrer Mensch gewesen sei.

Das ist mir erst kürzlich klar geworden. Ich unterhielt mich mit einem Pastor, der Vorbehalte hatte, homosexuelle Mitglieder seiner Gemeinde zu der in diesem Buch beschriebenen Sexualmoral aufzurufen. Er fasste seine Bedenken mit folgenden Worten zusammen: „Wie kann ich von ihnen erwarten, ohne Hoffnung auf romantische Erfüllung zu leben?“ Ich war dankbar für sein Mitgefühl. Viele verheiratete Pastoren oder Älteste machen sich keine Gedanken darüber, was sie da von einigen ihrer unverheirateten Gemeindemitglieder verlangen. Er war sich immerhin bewusst, was das für sie bedeutet, und es ging ihm nahe. Doch hinter seiner Sorge steckte eine Annahme, die mir Bauchschmerzen bereitete. Es war die Annahme, dass man ohne romantische Erfüllung nicht wirklich leben kann; dass es unfair sei, von jemand zu verlangen, ohne die Möglichkeit romantischer

Erfüllung zu leben, weil dies unmöglich zu ertragen sei. Weil man davon ausgeht, dass romantische Erfüllung grundlegend für ein gutes und erfülltes Leben sei.

Etwas später predigte ich über eine Stelle im 1. Johannesbrief, die diese Worte enthielt:

> *Hieran erkennt ihr den Geist Gottes: Jeder Geist, der Jesus Christus, im Fleisch gekommen, bekennt, ist aus Gott; und jeder Geist, der nicht Jesus bekennt, ist nicht aus Gott; und dies ist der Geist des Antichrists, von dem ihr gehört habt, dass er kommt, und jetzt ist er schon in der Welt. (1Jo 4,2-3)*

Nach der Predigt hatte die Gemeinde die Gelegenheit, Fragen zu stellen, und jemand wollte wissen, ob heutzutage tatsächlich noch jemand bestreite, dass Jesus im Fleisch gekommen war. War das nicht nur eine Irrlehre aus dem 1. Jahrhundert, die die ersten Gemeinden ausgemerzt hatten? Ich überlegte kurz, was ich darauf erwidern sollte, als mir plötzlich meine Unterhaltung mit dem Pastor wieder einfiel. Mir dämmerte, dass die gleiche Denkweise, nach der ein Leben ohne sexuelle Erfüllung angeblich kein authentischer Lebensstil sei, in Wirklichkeit besagt, dass Jesus nicht wirklich völlig Mensch wurde und dass er kein vollkommenes menschliches Leben geführt hat. Wer sagt, es sei unmenschlich, enthaltsam zu leben, entmenschlicht Christus und bestreitet, dass er wirklich im Fleisch kam und ein „wahrer“ Mensch war.

Wenn ich über dieses Thema spreche, stellen die Leute manchmal infrage, dass Jesus tatsächlich enthaltsam gelebt hat. Die Evangelien sagen nicht explizit, dass Jesus nie Sex hatte, also könne man es auf dieser Grundlage niemandem verbieten. Selbst einige ältere Leiter meines eigenen Gemeindekreises vertreten diese Sicht.

Es ist eine ungewöhnliche Vorgehensweise zu behaupten, dass alles, was Jesus nicht nachgewiesenermaßen nicht getan hat, moralisch gerechtfertigt werden kann. Wir lesen in den Evangelien auch nichts darüber, ob Jesus, sagen wir mal, je ein Pferd geschlagen hat. Nur weil die Evangelien nicht sagen, dass er das nie getan hat, heißt das noch lange nicht, ich hätte das Recht dazu. Wenn jemand auf dieses (zugegebenermaßen alberne) Beispiel antwortet, dass ein solches Verhalten auch nicht zu dem Jesus passen würde, den wir in den Evangelien sehen, dann erwidere ich, dass das genau der springende Punkt ist. Es passt nicht! Es ist absurd zu denken, dass Jesus sich so verhalten hätte. Und das Gleiche gilt für den Gedanken, er könnte Geschlechtsverkehr gehabt haben. Immerhin sprechen wir hier von dem Mann, der (wie wir gesehen haben) seinen Zeitgenossen einen viel höheren Standard der Sexualethik aufzeigte, als landläufig gelehrt wurde. Sollen wir denken, dass Jesus ausdrücklich und wiederholt etwas lehrte, während er selbst das Gegenteil tat? Ganz abgesehen davon erinnert uns das Neue Testament (vor allem in den Evangelien) durchweg daran, dass Jesus ohne Sünde war.

Bislang haben wir uns vor allem damit befasst, wie hoch der Standard Jesu in Bezug auf Sexualethik ist und wie seine Lehre die Ehe als etwas viel Schwereres darstellt, als wir normalerweise annehmen. Nicht wirklich ermutigend. Doch die Botschaft der Bibel über das Single-Dasein beinhaltet noch viel mehr. Paulus führt auf vielfältige Weise aus, inwiefern alleinstehend zu sein etwas Gutes sein kann. In mancher Hinsicht kann es sogar leichter sein als eine Ehe. Er betont beides: Bestimmte Nöte bleiben einem als Single erspart, und in gewisser Weise ist man freier.

Betrachten wir zuerst, was einem erspart bleibt. In seinem Brief an die Korinther macht Paulus deutlich, dass Christen die

Freiheit haben, zu heiraten oder single zu bleiben. Obwohl er selbst alleinstehend ist und diesen Lebensstil empfiehlt (1Kor 7,7), ist nichts falsch daran, wenn Singles, die heiraten können, dies auch tun:

> *Wenn du aber doch heiratest, sündigst du nicht, und wenn eine Jungfrau heiratet, sündigt sie nicht; doch werden solche in äußere Bedrängnis kommen. Ich aber möchte euch gerne schonen. (1Kor 7,28; LUT)*

Paulus geht davon aus, dass das Eheleben gewisse „äußere Bedrängnisse" beinhaltet. Das ist keineswegs eine Kritik an der Ehe. An anderer Stelle rühmt er in den höchsten Tönen, wie die Ehe ein Bild für unsere geistliche Ehe mit Jesus ist (Eph 5,32). Paulus hat überhaupt nichts gegen die Ehe. Er ist schlicht realistisch. Unser Leben in dieser Welt ist dergestalt, dass eine Ehe nicht einfach ist. Sie bringt so manchen Kummer mit sich.

Es ist wichtig, dass wir das wissen. Von klein auf werden wir mit der Vorstellung konfrontiert, dass auf die Hochzeit das „Glücklich bis an ihr Lebensende" folgt. Den meisten von uns ist bewusst, dass das Leben nicht so simpel ist, trotzdem begegnen uns als Erwachsene ständig Geschichten, in denen die Hochzeit das Finale und der Höhepunkt des Lebens ist, die alle Spannungen beseitigt. Sie ist das Ziel und der Endpunkt. Wenn das Paar endlich zueinandergefunden hat, ist die Geschichte vorbei. Wenn die beiden vielleicht auch nicht *vollkommen* „glücklich bis an ihr Lebensende" sind, dann doch zumindest *überwiegend.*

Ich bin seit etwa 15 Jahren Pastor und noch viel länger gut mit Verheirateten befreundet. Ich konnte viele Ehen aus der Nähe beobachten und habe verheiratete Freunde durch einige der

Prüfungen begleitet, die das Eheleben so mit sich bringt. Es ist gut, offene und ehrliche Freunde zu haben, mit denen man die Höhen *und* die Tiefen teilen kann.

Es gibt einige „äußere Bedrängnisse“, die die Ehe selbst hervorbringt.

Eines der ersten Paare, das ich traute, ist heute geschieden. Ich kenne mehrere Ehepaare, die massive Probleme haben. Ein Freund sagte mir kürzlich ganz offen, dass er und seine Frau einander einfach nicht mehr mögen.

Ich kenne Paare, deren Ehe am Ende alles andere als das war, was sie erwartet hatten. Eine Frau, deren Mann schon lange arbeitsunfähig ist, sagte mir eines Tages: „Das war nicht Teil des Deals.“ *(Doch, eigentlich schon,* dachte ich, sagte es aber nicht.) Ich kenne ein weiteres Paar, wo der Mann aufgrund seines Gesundheitszustandes sehr geschwächte Arme hat. Er kann sich noch nicht einmal selbst das Hemd zuknöpfen oder gar seine Kinder hochheben – er ist ganz und gar nicht so, wie er als Ehemann hatte sein wollen. Eine Christin aus meinem Bekanntenkreis heiratete einen Nichtgläubigen, und auch wenn sie das zunächst für unbedeutend hielt, stellte sich heraus, dass es sehr große Bedeutung hat. In einem anderen Fall heiratete eine Frau einen Mann, der sich als überzeugter Christ präsentiert hatte, es aber überhaupt nicht war.

Andere „äußere Bedrängnisse“ haben mit Kindern zu tun. Einige meiner Freunde waren am Boden zerstört von der Nachricht, dass sie keine Kinder bekommen können. Urplötzlich waren alle Erwartungen, die sie an das Familienleben gestellt hatten, in sich zusammengestürzt. Sie haben zwar den Segen erlebt, mehrere Kinder zu adoptieren, und sehen diese als vollwertige Familienmitglieder an, doch sie wissen, dass die Großeltern nie zu ihnen sagen werden: „Er hat auf jeden Fall deine Augen!“, oder: „Sie hat die gleiche Nase wie alle in der Familie!“

Einige mir sehr nahestehende Paare haben Kinder mit einer Behinderung und kennen die quälende Unsicherheit, ob diese Kinder die ersten Tage auf dieser Erde überhaupt überleben werden. Andere Paare in meinem Bekanntenkreis haben den tiefen Schmerz erlebt zu sehen, wie eins ihrer Kinder in schwere Sünde fiel oder sich komplett vom Glauben abwendete. Eine sehr liebe befreundete Familie hat eine Tochter durch Krebs verloren, die andere hat sich umgebracht.

So könnte ich weitermachen. Was ich sagen will, ist, dass es für Verheiratete Höhen *und* Tiefen gibt, und dass ich als Alleinstehender diese speziellen Tiefs nie erleben werde. Das sollte man nicht auf die leichte Schulter nehmen. Natürlich leide ich mit, wenn ich meinen Freunden in einer solchen Zeit beistehe, aber das ist nicht das Gleiche, als wenn ich diese Probleme selbst durchmachen muss.

Nichts davon soll uns vom Heiraten abhalten oder gar andeuten, die Ehe sei ein einziges Trauerspiel. Sie ist ein Geschenk Gottes und darf nicht verachtet werden. Paulus sagt, dass diejenigen, die verbieten zu heiraten, „Lehren von Dämonen“ (1Tim 4,1-3) verbreiten. Die Ehe an sich ist gut. Doch wie alles Gute in einer gefallenen Welt ist auch sie von der Sünde beeinträchtigt und nicht ohne Probleme.

Tatsache ist, dass sowohl das Single-Dasein als auch die Ehe jeweils eigene Höhen und Tiefen haben. Als Alleinstehende geraten wir leicht in die Versuchung, die Tiefen des Single-Seins mit den Höhen des Verheiratet-Seins zu vergleichen. Und Verheiratete geraten leicht in die Versuchung, die Tiefen des Verheiratet-Seins mit den Höhen des Single-Lebens zu vergleichen, was genauso gefährlich ist. Die Kirschen in Nachbars Garten scheinen immer ein bisschen süßer zu sein. Welche Gabe wir auch haben – zu heiraten oder alleinstehend zu bleiben –, das andere wirkt oft viel attraktiver auf uns. Paulus will den Alleinstehenden deutlich machen, dass es bestimmte Tiefen – „äußere Bedrängnisse“ – gibt, die man nur als Verheirateter erlebt und die einem als Single erspart bleiben. Die weitverbreitete Annahme, verheiratet zu sein sei besser oder leichter, stimmt einfach nicht. Nach alldem, was ich im letzten Jahrzehnt gesehen habe, muss ich sagen, dass ich jederzeit lieber die Tiefen des Single-Daseins ertrage als die einer Ehe. Meiner Meinung nach ist unglücklich verheiratet zu sein viel schlimmer, als unglücklich ledig zu sein.

Doch Paulus spricht nicht nur über die nicht vorhandenen Probleme, sondern auch von Chancen. Das Single-Dasein besteht nicht nur aus dem, was uns erspart bleibt, sondern auch aus dem, was uns geschenkt wird.

> *Ich will aber, dass ihr ohne Sorge seid. Der Unverheiratete ist für die Sache des Herrn besorgt, wie er dem Herrn gefallen möge; der Verheiratete aber ist um die Dinge der Welt besorgt, wie er der Frau gefallen möge, und so ist er geteilt. Die unverheiratete Frau und die Jungfrau ist für die Sache des Herrn besorgt, damit sie heilig ist an Leib und Geist; die Verheiratete aber ist für die Sache der Welt besorgt, wie sie dem Mann gefallen möge. Dies aber sage ich zu eurem eigenen Nutzen, nicht, um euch eine Schlinge überzuwerfen, sondern damit ihr ehrbar und beständig ohne Ablenkung beim Herrn bleibt. (1Kor 7,32-35)*

Wenn wir nicht aufpassen, verstehen wir diesen Abschnitt leicht falsch. Paulus sagt hier nicht, dass das Single-Leben geistlicher sei, die Ehe dagegen ungeistlicher. Er sagt auch nicht, dass das Single-Leben einfach sei, die Ehe dagegen schwer. Nein, der Gegensatz besteht zwischen Komplexität und Einfachheit. Das Leben als Verheirateter ist oft komplizierter als das Leben eines Alleinstehenden.

Paulus erinnert uns an etwas, was allen Ehen gemein ist: Sowohl der Mann als auch die Frau sind „um die Dinge der Welt besorgt". Das meint Paulus gar nicht abwertend. Er sagt nicht, dass Eheleute ihren Fokus auf gottlose Dinge legen, sondern eben nur auf weltliche Dinge. Das ist auch richtig so. Ehemann und Ehefrau sind einander und etwaigen Kindern gegenüber verpflichtet. Sie müssen sich Gedanken machen, wie sie einander lieben und ermutigen können. Sie nehmen Rücksicht auf die geistlichen, emotionalen und körperlichen Bedürfnisse des anderen und ihrer Kinder, wenn sie welche haben. Deswegen ist die Aufmerksamkeit eines Verheirateten geteilt. Schnell fühlt sich das Leben wie ein Strudel aus unmittelbaren, drängenden und miteinander konkurrierenden Bedürfnissen an. Verheiratete werden zwangsläufig von den Dingen der Welt in Anspruch genommen. Würden sie anders leben und handeln, kämen sie ihrer Verantwortung nicht nach.

Ein Alleinstehender hat mehr Freiheit. Unsere Aufmerksamkeit ist weniger geteilt, das Leben ist oft weniger kompliziert. Wir können uns auf eine Weise einbringen, wie Verheiratete es nicht können. Bestimmt denkt Paulus hier an viele Gelegenheiten, bei denen er diese Freiheit in seinem eigenen Leben und seinem Dienst erlebt hat. Er ist in der Lage, lange Reisen zu unternehmen, viel Zeit an bestimmten Orten zu verbringen und sogar sein Leben für das Evangelium zu riskieren. Nichts davon wäre ihm als Verheiratetem so möglich gewesen.

Paulus sagt nicht, dass Verheiratete Probleme haben und Singles nicht, sondern dass sich die Art der Probleme zwangsläufig unterscheidet. Auch das Leben eines Alleinstehenden ist nicht frei von Verpflichtungen. Auch wir haben Freunde und Familie, die wir ehren sollen. Doch wie Vaughan Roberts schreibt: „Wir werden nicht in so viele unterschiedliche Richtungen gezerrt wie Verheiratete und können deswegen der ‚Sache des Herrn' mehr Zeit widmen."[8] Das Leben ist für uns Singles in der Regel weniger kompliziert als für unsere verheirateten Freunde.

Einmal unterhielt ich mich mit einem verheirateten Freund über eine anstehende Reise. Ich hatte einige Langstreckenflüge vor mir. Bei dem bloßen Gedanken daran zuckte er sofort zusammen, worauf ich verblüfft guckte.

„Findest du Flugreisen nicht schrecklich?", fragte er.

„Nein, ich finde es toll. Ich bekomme da viel Arbeit erledigt. All diese ungestörten Stunden. Im Flugzeug kann ich hervorragend studieren und nachdenken."

„Ach, ich vergesse immer, dass du ja beim Fliegen keine Kinder dabeihast."

Natürlich ist das ein banales Beispiel, aber es machte mir klar, dass er und ich selbst in den profanen Details des Alltags die Dinge aus ganz unterschiedlichen Blickwinkeln betrachteten. Reisen (vor allem lange Flüge) sind für mich Gelegenheiten, vieles erledigt zu bekommen. Er dagegen ist stundenlang damit beschäftigt, energiegeladene kleine Menschen bei Laune zu halten. Überträgt man das auf andere Lebensbereiche, merkt man, dass das Leben für mich viel weniger kompliziert ist.

Frei von Gefahren ist das aber nicht. Paulus geht davon aus, dass wir Singles „für die Sache des Herrn besorgt“ sind. Doch das ist für viele von uns ein Kampf. Allzu leicht wenden wir all unsere Flexibilität und Energie allein für uns selbst und nicht für Gott auf. Für viele Alleinstehende, vor allem wenn sie allein leben, ist es eine echte Herausforderung, nicht zu ich-fokussiert zu werden. Schnell bin ich nur noch „um mich selbst besorgt“. Ich kann einfach tun, was ich will, wie und wann ich es will. Ich habe keine „bessere Hälfte“, auf die ich Rücksicht nehmen muss. Wenn ich ausgehen möchte, gehe ich aus. Wenn ich Zeit für mich brauche, nehme ich sie mir. Für uns Singles ist es viel einfacher, zu essen und zu schlafen, wann immer wir wollen. Wir müssen uns täglich daran erinnern, dass unser Single-Dasein nicht uns zugutekommen soll, sondern dem Herrn. Es geht nicht um unsere Belange, sondern um seine.

Daran werde ich immer erinnert, wenn ich bei anderen Leuten bin. Wie erwähnt reise ich zurzeit sehr viel, und wann immer möglich versuche ich, bei Freunden statt in Hotels zu übernachten. Das ist nicht nur der Gesellschaft wegen schöner, sondern weil ich so eine Reihe von Menschen habe, auf die ich mich einstellen muss. Vielleicht muss ich zu einer bestimmten Zeit zu Hause sein, um am Familienessen teilzunehmen. Vielleicht kann ich bei der Hausarbeit helfen. Ich kann nicht einfach das Wohnzimmer in Beschlag nehmen und stundenlang Fernsehen gucken, wenn ich müde bin und keine Lust auf Gesellschaft habe. Selbst wenn es nur für ein paar Tage ist, ist das Zusammenleben mit anderen Menschen eine Herausforderung – und das meine ich positiv.

Mit alldem will ich nicht sagen, dass das Single-Sein einfach oder zwangsläufig einfacher als eine Ehe ist. Es ist nur schlicht falsch anzunehmen, das Single-Dasein sei grundsätzlich zu hart. Wer so denkt, übersieht, wie schwer auch eine Ehe oft sein kann. Die Jünger sagten nicht ohne Grund, es sei besser, nicht zu heiraten. Es gibt spezielle „Sorgen um Dinge der Welt“, die eine Ehe so mit sich bringt. Wir dürfen nicht übersehen, dass uns das Single-Sein für eine ungeteilte Hingabe an Jesus frei macht. Ehelosigkeit wird oft als Last angesehen, als Einschränkung, die uns vom wahren Leben abhält. Paulus sagt das Gegenteil:

> *Dies aber sage ich zu eurem eigenen Nutzen, nicht, um euch eine Schlinge überzuwerfen, sondern damit ihr ehrbar und beständig ohne Ablenkung beim Herrn bleibt. (1Kor 7,35)*

Paulus will uns nicht einschränken, uns buchstäblich „eine Schlinge überwerfen“. Doch so interpretieren wir seine Worte viel zu schnell. Für ihn geht es beim Single-Sein nicht in erster Linie um etwas, auf das man verzichtet (abgesehen von den „Dingen der Welt“, die eine Ehe mit sich bringt), sondern vielmehr um das, wozu wir dann frei sind. Er empfiehlt die Ehelosigkeit, damit wir uns nicht so sehr um die komplexen „Dinge der Welt“ sorgen müssen, sondern ohne Ablenkung und von ganzem Herzen für den Herrn da sein können.

2
Single-Sein bedarf einer besonderen Berufung

Es ist Juli; im Kino ist also die Saison der Superhelden-Filme angebrochen. Wo man auch hinguckt: Fortsetzungen, Neuverfilmungen, Fortsetzungen von Neuverfilmungen und Crossover-Filme mit Figuren aller hier genannten Kategorien, und dann Fortsetzungen der Crossover-Filme, die zu irgendeinem Zeitpunkt vermutlich wiederum neu verfilmt werden. Kürzlich habe ich den neusten Teil von *Spider-Man* gesehen, von dem es mehr Inkarnationen zu geben scheint als von Buddha. Man kann sich nur schwer des Eindrucks erwehren, dass Neuverfilmungen im Grunde das Eingeständnis der Filmstudios sind, dass sie auch nach mehreren 100-Millionen-Dollar-Versuchen noch nicht wissen, wie man aus einem Comic einen Film macht. Und doch lechzen wir förmlich danach. Fast alle Blockbuster dieses Sommers waren Superhelden-Filme.

Der Reiz liegt auf der Hand. Wir fühlen uns schon immer zu Superhelden hingezogen. Ich nehme an, dass auch das alttestamentliche Buch der Richter etwas damit zu tun hat. In einem kürzlich erschienenen Buch heißt es, dass unsere populärkulturellen Narrative die Wahrheit, die Gott uns gegeben hat, sowohl „ersehnen als auch widerspiegeln“.[9] Im Buch Richter sehen wir diesen Teil eines Musters, das Gott uns in Bezug auf Erlösung gegeben hat, dass nämlich eine besonders ausgestattete Einzelperson auftaucht und die Situation rettet. Und wie bei unseren heutigen Superhelden scheint keiner von ihnen in der Lage zu sein, das allein zu meistern. Jeder hat seine eigenen Beschränkungen und Fehler, also lernen wir nacheinander immer weitere Personen kennen, die da ansetzen, wo der Vorgänger aufgehört hat, ohne dass das Volk jedoch das bekommt, was es wirklich braucht. Dieser Prozess im Buch Richter zeigt uns, dass wir im Grunde jemanden brauchen, der (1) nicht zutiefst fehlerhaft ist, und den uns (2) der Tod nicht entreißen kann. Und es zeigt uns, warum wir anscheinend so auf Superhelden versessen sind.

So wie das Konzept von Superhelden im Sommer die Kinokassen dominiert, so lassen wir es schnell auch unser Verständnis von der biblischen Sicht über das Single-Sein dominieren. Wie gesagt, wir sehen Ehelosigkeit standardmäßig unter dem Gesichtspunkt des Mangels. Etwas Gutes fehlt – nämlich die Ehe und die romantische und sexuelle Erfüllung, für die die Ehe zu stehen scheint. Alleinstehende sind *unverheiratet,* wogegen man Verheiratete nie als *unalleinstehend* bezeichnen würde. Das Single-Dasein scheint uns als mangelhaft und defizitär. Man könne nur damit zurechtkommen, wenn Gott einem besondere Superkräfte verleihe.

Wenn wir das jedoch so sehen, bedeutet das, dass wir nicht in Übereinstimmung mit Paulus sind. Denn er beschreibt Ehelosigkeit im Neuen Testament nicht nur als etwas Erträgliches, sondern sogar als *Gabe* Gottes:

Ich wünsche aber, alle Menschen wären wie ich; doch jeder hat seine eigene Gnadengabe von Gott, der eine so, der andere so. (1Kor 7,7)

Paulus hat sich grade erst über die Ehe ausgelassen, insbesondere über die Verpflichtungen der Ehepartner, einander die sexuelle „eheliche Pflicht zu erfüllen" (1Kor 7,3-5). Wenn er also sagt: „Ich wünsche aber, alle Menschen wären wie ich", ist klar, worüber er spricht. Er meint nicht, dass alle Menschen männlich sein oder aus Tarsus stammen oder Paulus heißen sollen. Er wünscht sich vielmehr, dass in Bezug auf seine Ehelosigkeit alle Menschen so wären wir er. Es gibt hier gewisse Vorzüge und sogar Vorteile (mehr dazu später in diesem Kapitel). In gewissem Sinn wäre es wunderbar, wenn alle Gläubigen alleinstehend wären. Doch so hat Gott das nicht geplant und vorgesehen: „Doch jeder hat seine eigene Gnadengabe von Gott, der eine so, der andere so." Ehelosigkeit ist gut, doch es ist nicht Gottes Absicht, dass alle Menschen single bleiben. Alle haben ihre eigene Gabe, was heißt, dass sie entweder (wie Paulus) alleinstehend sind oder eben verheiratet. Paulus kommt es darauf an zu betonen, dass sowohl Ehe als auch Ehelosigkeit Gaben Gottes sind. Die Ehe ist genauso ein Geschenk wie die Ehelosigkeit.

Die meisten von uns kennen jemanden, der nicht die geringste Ahnung davon hat, worüber wir uns wirklich freuen würden. (Ich habe einmal ein so schreckliches Geschenk von jemandem aus meiner Nachbarschaft erhalten, dass ich es in einem Trödelladen in einer anderen Stadt verkaufen musste, damit der Schenker es nur ja nicht zufällig entdecken und merken würde, was ich getan hatte.)

Doch auch wenn Alleinstehende vielleicht über den Gedanken schmunzeln, dass Gott so unwillkommene Geschenke austeilen könnte, müssen wir vorsichtig sein und uns klar machen, über wen und was wir hier schmunzeln. Gott ist kein Narr. Er ist nicht der Onkel, der Sie immer noch für zwölf hält, obwohl Sie längst über 30 sind, und Ihnen immer noch Spielsachen schickt. Er ist der Schöpfer, der Sie geschaffen hat und Sie kennt. Er ist der Eine, der alles lenkt, und zwar zu Ihrem Besten. Es ist eine Sache, wegen eines wohlgemeinten, aber misslungenen Geschenkes eines Verwandten die Augen zu verdrehen; es ist etwas anderes, dies angesichts des Allwissenden zu tun. Wenn wir uns vor der Vorstellung, dass Ehelosigkeit eine gute Gabe ist, scheuen, dann liegt das nicht daran, dass Gott uns nicht versteht, sondern daran, dass wir ihn nicht verstanden haben.

Was bedeutet das also? Worin besteht diese *Gabe* der Ehelosigkeit?

Das Wesen dieser Gabe

Wir haben schon gesehen, wie negativ das Single-Dasein oft gesehen wird; vor diesem Hintergrund verstehen Christen unter der „Gabe der Ehelosigkeit“ oft die besondere Fähigkeit, damit klarzukommen. Es sei eine außergewöhnliche Begabung, die einige wenige auserwählte Menschen dazu befähigt, als Singles zu überleben – eine Art Superkraft.

Und wie bei einer Superkraft gehen wir davon aus, dass sie selten und außergewöhnlich sein muss. Der ganze Sinn von Superhelden liegt darin, dass ihre Kräfte nicht der Norm entsprechen. Das macht ihren Reiz aus. Sie unterscheiden sich von dem Rest von uns. Und daher müssen diejenigen mit der Gabe der Ehelosigkeit auserwählte Menschen sein, die auf eine Weise mit der Ehelosigkeit klarkommen, wie der Rest es nicht vermag. Das scheint mit Paulus' Worten übereinzustimmen und passt zu unserer Erfahrung mit dem Single-Dasein. Doch mit dieser Denkweise gibt es diverse Probleme.

1.) Man behauptet dadurch nur einmal mehr, Ehelosigkeit an sich sei nicht gut. Überlegen Sie einmal: Wenn es einer besonderen geistlichen Superkraft bedarf, Ehelosigkeit auch nur auszuhalten, dann muss sie wahrhaft schrecklich sein. Al Hsu vergleicht die Gabe der Ehelosigkeit mit der Betäubung bei einer Operation: „Zwischen den Zeilen versteckt sich die Vorstellung, dass niemand sich bewusst für das Single-Dasein entscheiden würde, wenn er oder sie die Chance hätte zu heiraten."[10] Das bestätigt unsere übliche, aber falsche Denkweise, dass nämlich ein Leben ohne Ehe kein Leben „in Überfluss" sein kann. Wenn Menschen dann nach einem solchen Leben streben – und sei es um des Reiches Gottes willen –, entscheiden sie sich im Endeffekt für etwas sehr Ungesundes. Das Single-Sein an sich ist nicht gut und erfordert daher eine besondere „Gabe", um es einigermaßen ertragen zu können.

2.) Das Ergebnis ist Verbitterung, statt nach gottgemäßer Zufriedenheit zu streben. Jemand, der mit seinem Single-Status unglücklich ist, kann damit für sich selbst die Zufriedenheit abschreiben, die andere dabei empfinden: „Die haben offensichtlich die Gabe der Ehelosigkeit, ich dagegen nicht."

3.) Unabsichtlich fördert diese Denkweise Ungehorsam. Was ist, wenn bestimmte Singles überzeugt sind, nicht über die Gabe der Ehelosigkeit zu verfügen, und sich dann in einer Situation befinden, in der die einzige Möglichkeit für eine romantische Beziehung mit Sünde verbunden wäre? Stellen Sie sich vor, diejenigen fühlen sich schon immer vom eigenen Geschlecht angezogen, oder es gibt im Umfeld einfach keine geeigneten Christen des anderen Geschlechts, die sie heiraten könnten. Wie lautet dann die Antwort? Irgendetwas scheint Gott falsch gemacht zu haben. Wenn diejenigen dann wählen müssen zwischen der Vorstellung, einfach nicht die Gabe der Ehelosigkeit zu besitzen, oder sich einzugestehen, dass gleichgeschlechtliche Beziehungen oder Beziehungen zwischen Gläubigen und Nichtgläubigen falsch sind, dann weiß ich, wofür sie sich wahrscheinlich entscheiden. Ich habe das wieder und wieder erlebt. Ich denke da an eine Frau, die einen Nichtchristen mit der Begründung heiratete: „Ich weiß: Gott will nicht, dass ich unverheiratet bleibe." Oder an einen anderen Bekannten, der seine gleichgeschlechtliche Partnerschaft mit den Worten begründete, er sei „nicht zur Enthaltsamkeit berufen" und habe quasi keine andere Wahl. Beachten Sie, dass es in beiden Fällen im Grunde Gottes Schuld ist. Er bringt uns in eine Situation, in der wir nicht die Fähigkeit haben, ihm zu gehorchen.

Doch wir wissen, dass unser liebender himmlischer Vater nicht so vorgeht. Er ist Einer. In allem, was er ist und sagt und tut, ist er vollkommen integer. Sein Wort widerspricht sich nie. Einen Teil davon anzuerkennen, erfordert niemals, einen anderen Teil davon abzulehnen. Einem Gebot zu gehorchen, bedeutet niemals, einem anderen gegenüber ungehorsam zu sein. Die Vorstellung, Gott führt uns in Situationen, die Sünde notwendigerweise erzwingen, widerspricht der vollkommenen Einheit und Integrität Gottes. Ein solches Denken macht ihn uns gleich: wankelmütig und widersprüchlich. Es widerspricht auch seiner Güte und unterstellt ihm, er würde uns übers Ohr hauen, indem er uns zu etwas beruft und uns dann die Fähigkeit zum Gehorsam vorenthält.

4.) Es ist nur schwer verständlich, warum man diese Logik nicht auch auf die Ehe anwenden sollte. Mir fallen sofort ein oder zwei Personen ein, die sehr unglücklich verheiratet sind. Einer davon, nennen wir ihn Steve, und seine Frau leben nur wegen ihrer gemeinsamen Elternrolle noch zusammen. Sie sind keine Freunde mehr. Sie mögen sich nicht einmal. Er verbringt also möglichst viel Zeit fern von zu Hause. Er ist im christlichen Dienst tätig und kann daher seine Abende und Wochenenden mit Arbeit füllen, um der schrecklichen Situation daheim zu entfliehen. Ich weiß, dass er mit viel Neid auf mein Leben als Single blickt. Was sollte ihn von der Schlussfolgerung abhalten: „Ich bin zwar verheiratet, habe aber offensichtlich nicht die *Gabe* der Ehe und muss daher meine Familie verlassen"? Das wäre „gleichbedeutend damit, Gott als Scheidungsgrund anzuführen".[11] Wenn es eine „Gabe der Ehelosigkeit" gibt, durch die nur ein paar wenige ihr Single-Dasein genießen können, dann gibt es keinen Grund, nicht auch von einer entsprechenden „Gabe der Ehe" auszugehen, die lediglich ein paar Verheiratete befähigt, ihr Eheleben zu genießen.

Fakt ist: Eine Ehe ist nicht leicht. Zu denken, Ehelosigkeit setze eine einzigartige Gabe voraus, verschleiert das Ausmaß an Herausforderungen, die eine Ehe für Sünder wie uns darstellt. Nicht umsonst warnt das *Book of Common Prayer*, das Gebetbuch der anglikanischen Kirche, davor, dass eine Ehe „von niemandem unbedacht, leichtfertig oder übereilt eingegangen werden soll, sondern ehrfürchtig, besonnen, überlegt, nüchtern und gottesfürchtig".

5.) Tim Keller betont, dass eine solche Art, über Gaben zu denken, nicht mit Paulus' anderweitigen Lehren übereinstimmt:

In seinen Schriften bezeichnet Paulus mit dem Wort „Gaben" immer eine gottgegebene Fähigkeit, andere aufzubauen. Paulus spricht nicht ... von irgendeinem undefinierbar stressfreien Zustand.[12]

Gaben (wie Paulus später in seinem Brief an die Korinther ausführt) dienen dazu, die Gemeinde aufzubauen, und nicht dazu, individuelle, persönliche Erfüllung zu schenken. Es geht um den Dienst an den anderen und nicht um das persönliche Gefühl eines besonderen Friedens. Keller fährt fort:

Die Gabe des Single-Seins liegt nach Paulus in seiner Freiheit, sich so auf seinen Dienst zu konzentrieren, wie ein Verheirateter es nicht könnte. Dennoch kann Paulus durchaus mit seinem Zustand als Single gerungen haben. Vielleicht hätte er gerne geheiratet. Doch er vermochte in dieser Situation nicht nur, ein Leben des Dienstes für Gott und für andere zu führen, sondern er entdeckte auch die einzigartigen Qualitäten des Single-Daseins (wie eine größere zeitliche Flexibilität), die seinen Dienst so besonders effektiv machten.[13]

Das Gute an dieser Gabe

Das sind gute Nachrichten. Wie Vaughan Robert sagt, bedeutet es, „dass keinem von uns etwas entgeht".[14] Wir alle haben Anteil an Gottes Güte. Damit wird nicht verschwiegen, dass es sowohl im Eheleben als auch im Single-Dasein Herausforderungen gibt. Doch es erinnert uns daran, dass wir alle selbst inmitten dieser Herausforderungen etwas von Gottes Güte schmecken können.

Es bewahrt uns vor der Art Verzweiflung, die aufkommt, wenn wir uns zu etwas absolut Unerträglichem gezwungen fühlen oder meinen, Gott habe einen riesigen Fehler gemacht.

Was Paulus als Nächstes in 1. Korinther 7 sagt, scheint auf den ersten Blick die Vorstellung zu bestätigen, zum Single-Dasein brauche man eine besondere Berufung oder Begabung:

> *Ich sage aber den Unverheirateten und den Witwen: Es ist gut für sie, wenn sie bleiben wie ich. Wenn sie sich aber nicht enthalten können, so sollen sie heiraten, denn es ist besser, zu heiraten, als vor Verlangen zu brennen. (1Kor 7,8-9)*

Das klingt nicht gerade romantisch. Paulus scheint hier zu sagen, man solle heiraten, wenn man seine sexuellen oder romantischen Sehnsüchte nicht in den Griff bekommt. Man kann sich nur schwer vorstellen, wie ein junger Mann auf die Knie geht, seiner Freundin den Ring ansteckt und dabei diese Worte spricht: „Als Single ringe ich mit meiner Selbstbeherrschung, daher ist es wohl besser, ich heirate dich, bevor ich vor Leidenschaft brenne." Das klingt, als würde Paulus die Ehe lediglich als Ventil für unkontrollierbare sexuelle Lust betrachten. Ich muss dabei an diese Notfallspuren denken, die es auf besonders steilen Straßen für außer Kontrolle geratene Kraftfahrzeuge gibt. Wer seine sexuelle Lust nicht im Griff hat, der biegt einfach ab in eine Ehe, dann ist das Problem gelöst. Das ist aber weit entfernt von dem Paulus, der mit 1. Korinther 13 eine der berühmtesten Passagen der Bibel verfasste – den zeitlosen Lobgesang auf die Liebe. Oder von dem Paulus, der mit atemberaubender Erhabenheit die Ehe als Bild für die Beziehung zwischen Christus und der Gemeinde darstellte.

Und doch spielt etwas davon hier mit hinein. Was Paulus hier sagt, ist ja nicht alles, was er über die Ehe zu sagen hat. Er versucht hier nicht, eine erschöpfende Liste zu erstellen mit allem, was man in Bezug auf die Ehe oder den Ehepartner bedenken muss. Sein Anliegen ist viel konkreter: Wenn ansonsten genauso viel für wie gegen eine Heirat spricht, dann kann ein starkes Verlangen nach sexueller Intimität ein Grund dafür sein, über das Heiraten nachzudenken.

Das muss im Zusammenhang mit den anderen Schriftstellen betrachtet werden, die sich damit befassen, wie wir einen geeigneten Ehepartner finden. Nicht jeder, der Probleme mit seiner sexuellen Selbstbeherrschung hat, findet auch notwendigerweise einen geeigneten Ehepartner. Das Vorhandensein von starken sexuellen Sehnsüchten ist keine Entschuldigung dafür, andere biblische Gebote zu missachten, die zum Beispiel besagen, dass man niemanden des gleichen Geschlechts und auch keinen Nichtgläubigen heiraten soll. Wir dürfen 1. Korinther 7,9 nicht isoliert betrachten und daraus schließen, dass Gott uns eine gewisse Form von sexueller Intimität schuldig sei. Paulus will deutlich machen, dass alle, die einen passenden Partner gefunden haben, die Freiheit zum Heiraten haben. Sie werden sogar dazu ermutigt für den Fall, dass ihre sexuellen Begierden sie ansonsten möglicherweise davon abhalten, ihre ganze Aufmerksamkeit auf den Herrn zu richten.

Es ist hilfreich, sich daran zu erinnern, wie die Menschen zur Zeit des Paulus über diese Dinge dachten. In der Antike verband man Ehe nicht unbedingt mit romantischer oder sexueller Erfüllung. Es ging vielmehr darum, sich mit jemandem von angemessenem wirtschaftlichem und sozialem Status zusammenzutun und Erben hervorzubringen. Es handelte sich um ein

Geschäft und um Nachkommen. Für sexuelle oder romantische Erfüllung wandte man sich nicht an die Ehefrau, sondern an eine Konkubine oder Geliebte (oft genug auch an beide). Paulus macht hier klar, dass man die Erfüllung seiner Sehnsüchte in der Ehe suchen sollte, und zwar nicht, weil die Ehe seiner Meinung nach nur dafür gut ist, sondern weil eine Ehe der einzige gottgemäße Platz ist, wo solche Sehnsüchte erfüllt werden dürfen.

Die Alternative besteht laut Paulus darin zu „brennen". Man braucht nicht extra zu betonen, dass es in den Diskussionen darüber, was genau das bedeutet, oft heiß hergeht. Der neutestamentliche Theologe Paul Barnett vertritt die meiner Ansicht nach beste Auslegung:

> *Es geht hier um die „Hitze" sexuellen Verlangens, das in ehelicher Hingabe abgefangen wird, sich abschwächt und abkühlt. Ansonsten würde es außer Kontrolle geraten und allen Beteiligten großen Schaden zufügen. Doch vielleicht gibt es auch noch eine tiefere Bedeutung. Paulus denkt hier an „brennen" als Sinnbild für das Feuer der Hölle. ... Man macht sich leicht über mittelalterliche Darstellungen der Hölle lustig. Doch die Realität der ewigen Trennung von Gott, die das Sinnbild des Feuers veranschaulicht, ist in der Tat überwältigend.*[15]

Das entspricht sicherlich dem größeren Kontext dieses Abschnitts. Erst zwei Kapitel zuvor hatte Paulus uns daran erinnert, wie ernst zu nehmend sexuelle Sünde ist:

> *Überhaupt hört man, dass Unzucht unter euch ist, und zwar eine solche Unzucht, die selbst unter den Nationen nicht*

stattfindet: dass einer seines Vaters Frau hat. Und ihr seid aufgeblasen und habt nicht etwa Leid getragen, damit der, der diese Tat begangen hat, aus eurer Mitte entfernt würde! (1Kor 5,1-2)

Sünde ist ernst zu nehmen. Und das heißt, dass auch sexuelle Sünde ernst zu nehmen ist. In einem solchen Fall ist Reue angesagt und (manchmal) sogar strikte Gemeindezucht.

Man kann also nicht einfach sagen, dass jemand, der ständig unter sexueller Spannung leidet, heiraten soll. Andernfalls müssten, wie Vaughan es ausdrückt, „viele schon als Pubertierende heiraten“[16].

Es ergeben sich zwei Probleme, wenn wir Ehelosigkeit weiterhin als eine besondere Art von Berufung ansehen. Erstens würden sich dann sehr viele Singles so fühlen, als hätte ihr Leben noch gar nicht richtig begonnen. Sie sind zwar alleinstehend, haben aber nicht den Eindruck, die „Gabe der Ehelosigkeit“ zu besitzen. Sie befinden sich in einer Situation, für die sie weder gemacht noch berufen sind. Ihr Leben scheint in einer Art Schwebezustand zu verharren, bis Gott bemerkt, dass er sie versehentlich als Singles „eingestuft“ hat, und die Sache in Ordnung bringt. *Dann* endlich kann das Leben losgehen, doch bis dahin müssen sie sich irgendwie durchschlagen.

Zweitens kann es einen unangemessenen Druck zu heiraten aufbauen, besonders auf solche Singles, die diese Gabe scheinbar nicht besitzen. Wenn sie alleinstehend sind, jedoch nicht die „Gabe der Ehelosigkeit“ haben, dann leben sie nicht verantwortlich, denn sie sollten längst verheiratet sein.

Ein bekannter christlicher Leiter äußerte sich in Bezug auf Ehelosigkeit unlängst wie folgt:

Lassen Sie mich sagen, dass die stärkste Attacke auf die Ehe heutzutage von den Singles ausgeht. Das Single-Dasein ist ein Angriff auf die Ehe. Die Ehe ist die Gnade des Lebens. Als Pastor sage ich meinen Leuten: „Wenn das so weitergeht, dann stelle ich alle Mädchen auf die eine Seite, alle Jungs auf die andere; und dann teilen wir euch einander zu und feiern eine Megahochzeit." Der zunehmende Fokus auf die eigenen Befindlichkeiten, auf persönliche Ambitionen und Selbstverwirklichung ... führt zu einer Art permanenten Single-Daseins und stellt offensichtlich eine Bedrohung für die Familie dar ... Für mich ist das Single-Sein eine Katastrophe.[17]

Der Sprecher äußert ein berechtigtes Anliegen, drückt sich dabei jedoch sehr unglücklich aus. Viele Menschen zögern heutzutage eine Heirat aus rein selbstsüchtigen Gründen hinaus. Tim Keller stellt etwas Ähnliches fest:

Erwachsene in westlichen Gesellschaften sind zutiefst vom Individualismus geprägt; sie fürchten sich vor der Vorstellung, ja, hassen sie sogar, sich andern Menschen zuliebe in ihren Optionen einzuschränken. Heute bleiben viele Menschen nicht deshalb alleinstehend und leiden sehr bewusst an Einsamkeit, weil sie sich die Ehe zu sehr wünschen. Vielmehr leiden sie weitgehend unbewusst an Einsamkeit, da sie sich zu wenig nach der Ehe sehnen, vor der sie sich fürchten.[18]

Dass das so ist, ist unstrittig. Der US-Senator Ben Sasse beschrieb es kürzlich als Teil eines verbreiteten Trends, den pubertären Lebensstil bis ins Erwachsenenalter auszudehnen.[19]

Das zugrunde liegende Problem ist jedoch nicht das Single-Sein, sondern der Egoismus. Der christliche Redner hatte unrecht, als er das Single-Sein als Katastrophe bezeichnete. Das Problem ist vielmehr, wofür das Single-Sein instrumentalisiert wird. Es generell als „Bedrohung für die Familie“ abzustempeln ist zutiefst unbiblisch und würde Paulus, da bin ich mir sicher, sehr erstaunen. Man kann auch aus Bequemlichkeit und Egoismus statt aus gottgefälligen Motiven heraus heiraten, und dennoch bezweifele ich, dass irgendjemand die Ehe an sich deshalb als „Katastrophe“ bezeichnen würde. Das Problem ist nicht, ob man verheiratet oder single ist. Beides sind Gaben. Das Problem ist unser Herz und was uns antreibt. Wir dürfen das egoistische Herausschieben der Ehe nicht dem Single-Dasein anlasten, genauso wenig wie wir den Egoismus in der Ehe auf die Ehe selbst schieben sollten.

Das stellt viele Pastoren und Älteste vor eine Herausforderung, vor allem wenn sie es in ihrem Dienst mit vielen Singles zu tun haben. Es ist ihre Aufgabe, diejenigen zu ermutigen, die aus unchristlichen Motiven heraus nicht heiraten wollen, ohne dabei diejenigen herabzuwürdigen, die sich ihr Single-Sein entweder nicht ausgesucht oder es gar um des Reiches Gottes willen selbst gewählt haben. Sie müssen das Gute und die Vorteile des Single-Daseins betonen, ohne dabei egoistischen Motiven Vorschub zu leisten, aus denen andere alleinstehend bleiben, weil das die vermeintlich einfachere Option ist.

Single-Sein ist etwas Gutes an sich, wie die Ehe. Man muss es auf angemessene Weise für sich annehmen und biblisch richtig einordnen, ebenso wie die Ehe. Wenn wir den Status des Alleinstehenden, so wie Gott es sich für uns wünscht, in Ehren halten, dann werden wir nicht annehmen, man bräuchte eine geistliche Superkraft, um es ertragen zu können.

3

Single-Sein bedeutet: keine Vertrautheit und Nähe*

Es war die Art E-Mail, die einem das Herz bricht.

Ein Freund von mir, der viel zu weit entfernt lebt, meldete sich bei mir und erzählte mir von seinem Problem, dass ihm als Christ der Preis des Single-Daseins viel zu hoch erschien. War es das wert? In seinen Augen war eine verbotene Beziehung „die einzige Möglichkeit, die Nähe und Vertrautheit zu finden, von der ich mein ganzes Leben lang geträumt habe". Er schlussfolgerte: „Ich kann mir nicht vorstellen, wie leer mein Leben wäre ohne jemanden an meiner Seite." Wie nur kann das Single-Sein in Anbetracht eines solchen Mangels an Vertrautheit erstrebenswert sein?

Mein Freund ist nicht allein. In meiner eigenen Gemeindefamilie sind außereheliche Beziehungen der häufigste Grund dafür, dass sich Menschen von Jesus abwenden. Viele von ihnen waren davon ausgegangen, dass ein Leben als Alleinstehender nicht praktikabel sei. Sie sehnten sich nach Nähe.

---

* Der Autor benutzt im Original den Begriff *intimacy*. Da jedoch im Deutschen beim Begriff *Intimität* immer auch eine erotische Komponente mitschwingt, habe wir dieses Wort hier mit den Synonymen *Vertrautheit, (menschliche) Nähe, Zuneigung* oder *Innigkeit* wiedergegeben. (Anm. d. V.)

Folgende Annahme wird heutzutage kaum infrage gestellt: Single-Sein (nach biblischen Maßstäben) und enge Vertrautheit schließen sich aus. Wer sich dafür entscheidet, enthaltsam zu leben, entscheidet sich dafür, allein zu sein. Kein Wunder, dass das so vielen unerträglich erscheint. Können wir wirklich von jemandem verlangen, ohne Hoffnung auf Romantik zu leben? Es klingt so ungerecht.

Wie wir gesehen haben, sagt die Bibel ganz klar, dass die Alternative zur Ehe Enthaltsamkeit ist. Als seine Jünger in Bezug auf die Ehe kalte Füße bekamen, machte Jesus ihnen deutlich, dass die einzige gottgemäße Alternative darin bestand, wie die Verschnittenen zu leben und sich sexuell zu enthalten (Mt 19,10-12).

Doch diese Wahl zwischen Ehe und Enthaltsamkeit ist nicht gleichbedeutend mit der Wahl zwischen Ehe und Einsamkeit – oder sollte es zumindest nicht sein. Man kann ohne Sex leben. Das wissen wir – denn auch Jesus selbst war enthaltsam. Ebenso Paulus und viele andere. Doch wir sind nicht dazu geschaffen, ohne menschliche Nähe zu leben. Die Ehe ist nicht die alleinige Antwort auf die Feststellung: „Es ist nicht gut, dass der Mensch allein ist" (1Mo 2,18).

Ein neues Verständnis von menschlicher Nähe

Warum also erscheint uns die Wirklichkeit oft so anders? Das hat in nicht unerheblichem Maß mit unserem heutigen Verständnis von Vertrautheit, menschlicher Nähe und Innigkeit zu tun. In der westlichen Welt haben wir Sex mit menschlicher Nähe gleichgesetzt. Hat man das eine, geht man davon aus, dass man auch das andere hat. Wir können uns tiefe Vertrautheit letzten Endes kaum ohne Sex vorstellen.

Nach Beweisen müssen wir nicht lange suchen. Vor einigen Jahren wurde hier in Großbritannien des Ausbruchs des Ersten Weltkrieges vor 100 Jahren gedacht. Teil der Feierlichkeiten war ein Radioprogramm, in dem Auszüge aus Tagebüchern und Briefen von Soldaten vorgelesen wurden. Dabei wurde deutlich, wie tief die Freundschaften waren, die sich zwischen einigen von ihnen entwickelt hatten; nicht zuletzt hatte der gemeinsam durchlebte Schrecken sie so zusammengeschweißt. Das an sich war schon faszinierend. Doch am meisten blieb mir die Reaktion einiger Zuhörer im Gedächtnis: „Na ja, die waren offensichtlich *schwul.*" Offensichtlich waren sie einander sehr zugetan, und eine tiefe gegenseitige Zuneigung musste im heutigen Denken einen sexuellen Kern haben.

C. S. Lewis trifft wie üblich den Nagel auf den Kopf: „Wer sich Freundschaft nicht als eigenständige Liebe vorstellen kann, sondern nur als Verkleidung und Zerrform von Eros, verrät, dass er nie einen Freund gehabt hat."[20] Dass unsere Kultur davon ausgeht, Zuneigung und Nähe gäbe es nur im Kontext sexueller Anziehung, zeigt, wie wenig wir wahre Freundschaft verstehen und erleben.

Die Bibel bietet uns einen ganz anderen Blickwinkel. Menschliche Nähe und Sex sind nicht identisch, auch wenn sie sich oft überschneiden, und finden auch nicht immer gleichzeitig statt. Es ist möglich, viel Sex zu haben und doch keine Nähe zu erleben. König David kann da als Beispiel herhalten. Lesen Sie, wie betrübt David nach dem Tod seines Freundes Jonatan war:

Mir ist weh um dich, mein Bruder Jonatan!
Über alles lieb warst du mir.

wunderbar war mir deine Liebe,
mehr als Frauenliebe. (2Sam 1,26)

Wenn sie diese Worte heute hören, verdrehen viele Menschen die Augen. Ed Shaw sagt dazu: „Heutzutage kann man dieses Lied nicht lesen, ohne zu denken, dass David und Jonatan eine sexuelle Beziehung gehabt haben müssen. Haben Sie beim Lesen nicht auch gemeint, hier etwas Homoerotisches wahrzunehmen?"[21] Aber dieser Schluss ist weder notwendig noch wahrscheinlich.

Was uns von Davids Leben und seinen Heldentaten bekannt ist, gibt Aufschluss darüber. Während er den Tod seines Freundes Jonatan beklagte, hatte David drei Ehefrauen (siehe 1Sam 25,42-44). Seine Beziehungen zu Frauen waren zutiefst kompliziert. Davids Erfahrung nach war die Liebe einer Frau alles andere als einfach. Und so kann man sich gut vorstellen, wie er die Freundschaft mit Jonatan genoss. Ed Shaw fragt: „Warum soll es nicht möglich sein, dass er die Vertrautheit einer nicht sexuellen Freundschaft mit Jonatan (der ebenfalls verheiratet war) genauso genoss wie die sexuelle Intimität mit Abigajil, Ahinoam und Michal?"[22]

Davids Worte über die tiefe Freundschaft, die ihn mit Jonatan verband, sind kein Beleg dafür, dass ihre Beziehung sexueller Natur war, sondern vielleicht vielmehr dafür, dass es den sexuellen Beziehungen zu den Frauen in seinem Leben an wahrer Vertrautheit mangelte.

Dieselbe Dynamik erleben wir auch heute. In einer Kultur der Affären ist es sehr leicht, Sex mit jemandem zu haben, dem man gerade erst begegnet ist und den man kaum kennt. Es ist ein gravierender Fehler, das mit echter menschlicher Nähe zu verwechseln. Die sexuelle Vereinigung ist dazu gedacht, die

Vertrautheit innerhalb der Ehe auszudrücken und zu verstärken. Sex kann jedoch keine tiefe Zuneigung aus dem Nichts erschaffen. Doch genau davon gehen wir oft aus, und so entsteht leicht das Gefühl, sexuelle Nähe könne die tiefe Vertrautheit herstellen, nach der wir uns sehnen. Das habe ich in meinem Dienst als Pastor schon oft erlebt. In uns allen steckt die tiefe Sehnsucht, jemanden zu kennen und selbst erkannt zu werden. Manchmal hat man das Gefühl, dass Sex genau das bieten kann. Es scheint ein Mittel zu sein, einem anderen Menschen gegenüber auszudrücken, wer wir sind. Immerhin wurde Geschlechtsverkehr früher auch mit den Worten umschrieben, „einander zu erkennen". Doch losgelöst von wahren Beziehungen ist Sex zwar vielleicht eine Form von körperlicher Intimität, doch mehr auch nicht. Er schafft nicht die tiefere Nähe, die wir alle im Leben brauchen. Man kann jede Menge Sex haben und doch keine menschliche Nähe erfahren.

Doch auch der Umkehrschluss ist wahr. Man kann jede Menge Zuneigung und Innigkeit erleben, ohne dass dabei notwendigerweise Sex im Spiel ist. Wahre lebensspendende Nähe bieten nicht nur sexuelle und romantische Beziehungen. Wir müssen die biblische Vorstellung von Vertrautheit und Nähe wieder neu entdecken, die in unserer Kultur und leider auch in vielen unserer Gemeinden vernachlässigt wird – wahre Freundschaft.

Innigkeit und Nähe in einer Freundschaft erleben

In den Nachrichten wurde kürzlich viel darüber spekuliert, warum sich ein bestimmtes Promipaar getrennt hat. Die Trennung wurde schon vor einiger Zeit bekannt gegeben, doch es tauchen immer neue Untreue-Vorwürfe auf, möglicherweise auf beiden Seiten. Die Klatschpresse überschlägt sich nun mit Vermutungen, welche Dritten dabei im Spiel gewesen sein könnten.

Viele sind fasziniert davon, welche Promis mit wem schlafen. Doch mit wem welche Promis befreundet sind, interessiert niemanden. Ersteres schafft es in die Schlagzeilen, weil es größere Bedeutung zu haben scheint. Sex ist das wahre Leben. Freundschaft dagegen wurde massiv herabgestuft.

Denken Sie einmal darüber nach. In den letzten Jahren hat das Wort „Freund" radikal an Bedeutung verloren. Wir sind jetzt mit jemandem „befreundet", wenn er in den sozialen Medien auf unserer Kontaktliste steht. Wenn jemand Zugang zu unserer Profilseite bekommt, macht ihn das zu unserem Freund. Es ist wenig überraschend, dass ein Freund heute kaum mehr als eine flüchtige Bekanntschaft ist, jemand, mit dem wir ab und zu Kontakt haben und uns vielleicht sogar gelegentlich treffen.

Doch das ist nur ein müder Abklatsch dessen, was frühere Generationen unter Freundschaft verstanden haben – und was Freundschaft in vielen nicht westlichen Kulturen auch heute noch bedeutet. Für diese Herabstufung gibt es mehrere Gründe; einer davon ist, dass wir jedwede Art von Nähe und Vertrautheit vor allem in romantischen und sexuellen Beziehungen suchen. Alle anderen Beziehungen nehmen in unseren Gedanken einen viel geringeren Stellenwert ein.

Schon vor über 60 Jahren erkannte C. S. Lewis, dass Freundschaft „etwas ganz am Rande [ist], kein Hauptgang im Bankett des Lebens. Eine Zerstreuung, die die Lücken unserer Zeit ausfüllt". Er folgerte, dass „wenige die Freundschaft schätzen, weil wenige sie erfahren".[23] Dieser Trend hat sich bis in unsere Zeit fortgesetzt. Der christliche Theologe und Autor Wesley Hill stellt fest, dass die zahlreichen Filme über tiefe Männerbeziehungen in der letzten Zeit deutlich zeigen, wie unbehaglich sich viele Menschen beim Thema Freundschaft fühlen:

> *Filme wie* Superbad *und* Trauzeuge gesucht!, *um nur zwei aus dem Angebot der letzten Zeit zu nennen, führen uns die Peinlichkeit vor Augen, wenn zwei Männer versuchen, emotionale Nähe als Freunde zu erleben – einander zu lieben, ohne dabei dieses Wort zu gebrauchen –, und dabei gleichzeitig vermeiden wollen, als Paar eingestuft zu werden. Offensichtlich ein schweres Unterfangen.*[24]

Die traurige Realität ist, dass es in vielen unserer Gemeinden einen beängstigenden Mangel an Freundschaften gibt. In unserer westlichen Kultur – und leider auch oft in unserer Gemeindekultur – gilt Freundschaft als weitgehend entbehrlich. Wenn es um menschliche Nähe und Vertrautheit geht, dann richten wir unseren Fokus auf Romantik und Ehe. Doch das hat alles herzlich wenig damit zu tun, was die Bibel meint, wenn sie von Freundschaft spricht.

Nehmen Sie zum Beispiel das Buch der Sprüche. Hier wird Freundschaft hochgeschätzt. Sehen Sie sich folgenden Vers an:

Manche Gefährten schlagen sich,
aber mancher Freund ist anhänglicher als ein Bruder.
(Spr 18,24)

Das scheint unserem heute üblichen Verständnis von Freundschaft diametral entgegenzustehen. Für viele von uns sind Freunde mehr oder weniger entbehrlich. Freunde sind die Leute, mit denen wir in einer bestimmten Lebensphase Zeit verbringen, wenn sie und wir zufällig am gleichen Ort sind. In den Sprüchen ist jedoch die Rede von etwas viel Größerem. Der Schreiber stellt Freundschaft zwei anderen Arten von Beziehung gegenüber.

Erstens grenzt er den Freund von dem ab, was in den Sprüchen als „Gefährte" bezeichnet wird. In diesem Vers wird vorausgesetzt, dass man viele Gefährten hat, und es scheint sich eher um flüchtige Bekannte zu handeln als um wahre Freunde. Mit anderen Worten sind wir in der Regel von vielen Menschen umgeben, die uns kennen und vertraut mit uns sind, auf die wir uns jedoch nicht verlassen würden, wenn es hart auf hart kommt. Genau solche Leute sind gemeint, wenn wir heute von Freunden reden – Menschen, mit denen wir eine gewisse Zeit verbringen, denen wir aber nicht unbedingt das anvertrauen, was tief in unserem Herzen vorgeht. Es sind Menschen, die kommen und gehen.

Ich denke da an alte Klassenkameraden, mit denen ich früher viel Zeit verbrachte. Auf einem bestimmten Level kannten wir uns ziemlich gut. Ich hätte Ihnen sagen können, mit wem sie ein Date hatten, welche legendär dummen Sprüche oder Aktionen sie sich leisteten, was sie mochten und was sie gut oder gar nicht gut konnten. Wir konnten endlos viele Geschichten übereinander erzählen. Doch das war alles sehr oberflächlich. Ich könnte Ihnen alle diese Dinge über sie erzählen, aber nicht unbedingt, was ihre Träume und Hoffnungen waren oder wovor sie sich im Leben am meisten fürchteten. Vielleicht in ein oder zwei Fällen, aber in der Regel nicht. Sie waren so etwas wie Gefährten – Menschen, mit denen man Zeit verbringt und etwas unternimmt –, doch um sie geht es in den Sprüchen nicht.

Es ist kein Wunder, dass wir den Kontakt nicht gehalten haben, als wir älter wurden und wegzogen. Von einem oder zweien höre ich ab und zu. Manchmal meldet sich jemand, und wir treffen uns kurz. Doch im Großen und Ganzen kommen und gehen solche Leute im Lauf des Lebens. Wir nehmen einen neuen Job an und bekommen neue Nachbarn. Es ist unrealistisch, den Kontakt zu allen alten Kollegen und Nachbarn zu halten, wenn ständig neue hinzukommen; es lässt sich also kaum vermeiden, dass wir in den verschiedenen Lebensphasen wechselnde Bekannte haben.

Der Verfasser der Sprüche scheint davon auszugehen, dass wir von vielen solchen „Gefährten" umgeben sind. Das trifft heute bestimmt noch mehr zu als jemals zuvor. Die Technik macht es so einfach wie nie, jede Menge Bekanntschaften zu pflegen. Durch die sozialen Medien können wir den Kontakt zu ungleich mehr Menschen aufrechterhalten als ohne – alle alten Schulfreunde und Arbeitskollegen, frühere Nachbarn, selbst ehemalige Partner und Partnerinnen. In der Theorie pflegen wir also *alle* Bekanntschaften und halten uns auf dem Laufenden. Ich habe nicht das Gefühl, der Kontakt zu Leuten wäre abgerissen, wenn ich innerhalb von drei Sekunden ihre Homepage aufrufen und herausfinden kann, was bei ihnen so los ist.

Doch die Gefahr besteht darin, dass dies lediglich die Illusion von Freundschaft kreiert, ohne dass sie wirklich vorhanden ist. Der Durchschnitts-User hat 237 Freunde auf Facebook, doch zwischen diesen 237 und dem, was die Sprüche als „Freunde" bezeichnen, liegen Welten. Vielleicht sind Sie von vielen Menschen umgeben, die in etwa wissen, was bei Ihnen so los ist, doch die haben nicht mit den Freunden aus den Sprüchen zu tun, denen Sie wirklich nahestehen und mit denen Sie über alles reden können. Dabei ist es keine schlechte Sache, wenn wir mit jemandem einfach nur etwas Zeit verbringen und zusammen lachen, aber es ist nicht das, was wir – so die Sprüche – brauchen, um ein gutes Leben zu führen.

Die andere Beziehung, die der Freundschaft gegenübergestellt wird, ist die innerhalb der Familie. Der Vers macht eine Unterscheidung zwischen einem Freund und einem Bruder. Natürlich schließt sich beides nicht aus. Doch in der Antike hatte die Familie eine fundamentale Bedeutung. Es war die hauptsächliche soziale Gemeinschaft, in der man verkehrte, gegenüber der man loyal und von der man abhängig war. Und natürlich ist die Familie oft für uns da, wenn es uns schlecht geht. Doch der Vers macht einen wichtigen Unterschied deutlich: Einer der besonderen Vorzüge einer Freundschaft ist, dass sie vollkommen auf Freiwilligkeit basiert. Familienmitglieder sind einander aufgrund ihrer Blutsverwandtschaft gewissermaßen verpflichtet. Freundschaft ist freiwillig. Ein Freund ist jemand, der sich für Sie *entschieden* hat. Die Verpflichtung ist komplett selbst gewählt und wird dadurch nur umso wertvoller. Wie es C. S. Lewis einmal formulierte, ist Freundschaft „die am wenigsten ‚natürliche' Liebe, sie hat am wenigsten mit unseren Instinkten, unserer organischen und biologischen Struktur, unserem Herdentrieb zu tun ... Die Menschheit braucht sie, biologisch betrachtet, nicht."[25] Mein Freund Ray Ortlund trifft folgende Unterscheidung:

Ein Bruder hat dich an der Backe. Ein Bruder ist verpflichtet, eine Art Sicherheitsnetz zu sein. Dafür ist die Familie da. Doch ein Freund entscheidet sich für dich. Wenn dich jemand jederzeit liebt, in guten wie in schlechten Zeiten, und das nicht aus Zwang, sondern freiwillig – dann ist dieser jemand ein Freund."[26]

Für uns heute ist es außerdem hilfreich, Freundschaft auch noch von einer dritten Kategorie abzugrenzen, nämlich der Ehe. In Diskussionen unter Christen um gleichgeschlechtliche Beziehungen und die Gemeinde habe ich schon oft gehört, wie von einer „sexlosen Ehe" die Rede war für all jene, die die christlichen Moralvorstellungen aufrechterhalten wollen, dabei aber dennoch eine Art romantische Partnerschaft mit einer Person des gleichen Geschlechts eingehen möchten. Damit, so heißt es, umgehe man die vermeintliche Einsamkeit des Single-Daseins und richte sich gleichzeitig nach den sexual-ethischen Standards der Bibel.

Das Problem bei diesem Vorschlag ist die Unterstellung, Sex sei das Wesentliche, das eine Ehe von anderen Formen enger Freundschaft unterscheide. Das zeigt erneut, welch falsches Verständnis von Freundschaft wir haben und dass wir davon ausgehen, „wahre" menschliche Nähe könne es nur in einer sexuellen Partnerschaft geben.

Eine Ehe ist nicht einfach nur eine enge Freundschaft plus Sex. Ebenso wenig ist eine enge Freundschaft wie eine Ehe ohne Sex. Eine Ehe ist per Definition und notwendigerweise exklusiv. Sie ist ein Bündnis. Freundschaft nicht. Selbst meine Freundschaft zu meinem besten Freund wird nicht durch eine weitere Freundschaft gefährdet. Sie ist kein Nullsummenspiel. Vielmehr ist oft das Gegenteil der Fall. Vor ein paar Jahren planten ein enger

Freund und ich eine Wanderung in Schottland, auf die ich mich sehr freute: zusammen mit einem meiner Lieblingsmenschen an einem meiner Lieblingsorte einem meiner Lieblingshobbys nachzugehen. Kurz vor Reisebeginn schlug er vor, noch einen weiteren Freund mitzunehmen. Zunächst war ich enttäuscht, denn ich hatte mich auf eine Zeit nur mit diesem Freund gefreut. Doch der andere Freund war eine echte Bereicherung. Zu College-Zeiten hatten sie sich ein Zimmer geteilt, sodass dieser andere Freund Aspekte meines Freundes kannte, die mir unbekannt waren, und er brachte Seiten an ihm zum Vorschein, die ich noch nie gesehen hatte. Es war viel besser, als wenn wir nur zu zweit gewesen wären. C. S. Lewis wäre nicht überrascht gewesen:

> *In jedem meiner Freunde steckt etwas, was nur irgendein anderer Freund voll zur Geltung bringen kann. Ich allein bin nicht umfassend genug, um den ganzen Mann in Bewegung zu setzen. Ich brauche noch andere Lichter als nur mein eigenes, damit alle seine Facetten aufleuchten. ... Daher ist echte Freundschaft von allen Arten der Liebe am wenigsten eifersüchtig.*[27]

Die Sprüche stellen uns also eine Kategorie einer engen Beziehung vor, bei der es weder um Gesellschaft noch um Verwandtschaft geht. Wenn wir näher betrachten, wie eine solche Freundschaft aussieht, stellen wir fest, wie sehr sie sich von dem unterscheidet, was wir heute in der Regel unter Freundschaft verstehen. Laut den Sprüchen stechen zwei Merkmale von echter Freundschaft besonders hervor: Sie ist weder flüchtig noch oberflächlich.

Die Kennzeichen wahrer Freundschaft

Echte, wahre Freundschaft ist nicht flüchtig:

> *Ein Freund liebt zu jeder Zeit,*
> *und als Bruder für die Not wird er geboren. (Spr 17,17)*

Die Art Freundschaft, die wir im Leben benötigen, ist von Beständigkeit gekennzeichnet. Wieder wird ein solcher Freund einem Bruder gegenübergestellt: Ein Bruder wird für die Not geboren. Für solche Momente ist die Familie da. Darüber müssen wir überhaupt nicht nachdenken. Wenn jemand in der Familie Probleme hat, dann hilft man.

Eine Freundschaft ist anders. Wir dürfen diesen Gegensatz nicht missverstehen. Der Vers besagt nicht, dass mein Bruder in der Not für mich auf eine Weise da ist, wie ein Freund das nicht vermag. Er besagt, dass ein Freund *immer* für mich da ist auf eine Weise, wie das bei einem biologischen Bruder nicht unbedingt der Fall ist. Man muss mit seinem Bruder nicht sehr eng verbunden sein, um ihn in schweren Zeiten zu unterstützen. Die Beziehung ist unabhängig davon, wie viele oder wie wenige Gemeinsamkeiten man hat oder wie oft man sich sieht. Der Bruder ist da, wenn es einen Notfall gibt. Doch ein Freund ist immer da. Eine Freundschaft ist beständig. Freunde sind zu jeder Zeit da und gehen mit uns durch Dick und Dünn, was auch immer geschieht. Ein wahrer Freund ist dadurch gekennzeichnet, dass er in jeder Lebenssituation für uns da ist. Das heißt, er steht Ihnen bei, wenn Sie am Boden liegen:

Besitz vermehrt die Zahl der Freunde, doch vom Armen trennt sich der Freund. (Spr 19,4 NeÜ)

Wenn wir zu Geld kommen, sind wir schnell von Menschen umgeben, die vermeintlich unsere Freunde sind. Lottogewinner stellen fest, dass sie sich gar nicht darum bemühen müssen, mit Leuten in Kontakt zu bleiben; jeder bleibt mit ihnen in Kontakt. Alle kommen sie hinter dem Ofen hervorgekrochen und melden sich. Doch wenn sich das Glück umkehrt, verschwinden diese „Freunde" genauso schnell, wie sie gekommen sind.

Das sehen wir auch in dem berühmten Gleichnis Jesu vom verlorenen Sohn. In der Geschichte verlangt der Sohn von seinem Vater sein Erbteil, das er anschließend in der Fremde verprasst. Neureich und vergnügungssüchtig, mangelte es ihm nicht an Gesellschaft. Doch als er kein Geld mehr hatte und mittellos war, hätte er sogar die Schoten für die Schweine gegessen, doch „niemand gab sie ihm" (Lk 15,16). Mit seinem Reichtum waren auch seine Freunde verschwunden. Viele Menschen sind nett zu Ihnen, wenn Sie ihnen nützlich sind. Sie brauchen Sie für etwas. Wahre Freund sehen Sie nicht als Mittel zum Zweck an, also bleiben sie bei Ihnen. Sie feiern nicht nur Ihre Erfolge mit Ihnen; sie stehen Ihnen auch in Ihrem Versagen bei. Wahre Freundschaft ist nicht wankelmütig.

Sie ist ebenso wenig oberflächlich. Ein Freund ist nicht einfach nur jemand, der Ihre Facebook-Seite kennt. Er ist jemand, der Ihre Seele kennt:

Öl und Räucherwerk erfreuen das Herz, und die Süße eines Freundes kommt aus dem Rat der Seele. (Spr 27,9)

Der „Rat der Seele“ wird in anderen Übersetzungen auch mit „der gute Rat eines Freundes“ (Hoffnung für alle) oder „der wohlgemeinte Rat“ (Luther) wiedergegeben. Ein solcher Rat ist nicht einfach nur ein oberflächlicher Tipp, sondern kommt aus dem tiefsten Herzen. Das ist Freundschaft auf einem Niveau, das die Seelen miteinander verbindet, und es gibt nichts Vergleichbares. Ein schöner Duft vermag vielleicht die Stimmung zu heben, aber der besonnene Rat eines engen Freundes ist besonders süß. Es geht nichts darüber, wenn Ihnen ein enger Freund – ein Mensch, der Sie am besten kennt und am meisten über Sie weiß – einen richtungsweisenden Rat gibt.

Vor fast 20 Jahren begann ich, mit einem Mädchen aus unserer Gemeinde auszugehen. Jeder mochte sie, und daraufhin schien auch jeder mich zu mögen, weil ich mit ihr zusammen war. Na ja, nicht jeder.

Ich war mit einem Team auf einer Reise nach Südostasien und teilte mir mit einem meiner besten Freunde ein Zimmer. Ich erinnere mich noch sehr gut daran, wie wir eines Nachts auf den Betten lagen und den Deckenventilator anstarrten, als er mir freundlich, aber bestimmt sagte, dass er meine neue Beziehung nicht guthieß. Es war nicht das, was ich hören *wollte*, aber es war auf jeden Fall das, was ich hören *musste*. Es war eine Art Zurechtweisung, um eine Einstellung bei mir zu korrigieren, die nicht in Ordnung war. Sein Rat kam aus tiefster Seele, und ich habe ihn nie vergessen, gerade weil er mir damit zeigte, wie tief unsere Freundschaft und wie groß seine Sorge um mich war. Dieser Rat war süß. Wir haben oft darüber gesprochen. Es ist mir nach wie vor als einer der Höhepunkte unserer Freundschaft im Gedächtnis geblieben, denn es ist ein Geschenk, jemanden zu haben, der Ihre Seele kennt, der das Beste und das

Schlechtestes über Sie weiß und der Ihnen trotz allem zutiefst zugetan ist.

Doch das geschieht nicht ohne Offenheit und Verletzlichkeit, beides Kennzeichen für Freundschaft im biblischen Sinn. In den Psalmen schreibt David: „Der HERR zieht ins Vertrauen, die ihn fürchten" (Ps 25,14). Das hebräische Wort für dieses „Ins-Vertrauen-Ziehen" kann auch „Geheimnis" bedeuten, anders übersetzt lautet dieser Vers also: „Das Geheimnis des HERRN ist für die, die ihn fürchten." Freundschaft ist von Verschwiegenheit gekennzeichnet. Ein Freund ist jemand, dem Sie Ihre Geheimnisse anvertrauen und all das, was in Ihrem Leben wirklich vorgeht. Es ist jemand, der weiß, was bei Ihnen so los ist. Er weiß, was Sie in Versuchung führt und was Sie von Herzen froh macht. Er weiß instinktiv, wie er für Sie beten kann.

Das ist wahre Vertrautheit. Es erscheint uns oft wie ein Gegensatz: Entweder kennt uns jemand sehr gut, oder jemand liebt uns von Herzen. Wir fürchten, dass wir nicht mehr so geliebt werden, wenn uns erst mal jemand so richtig kennt. Wie Tim Keller sagte: Wir machen Öffentlichkeitsarbeit in eigener Sache. Wir kultivieren das Bild, das die Welt von uns haben soll. Dagegen halten wir all das versteckt, was niemand über uns herausfinden soll. Das kennzeichnet unser aller Leben, und zwar seitdem Adam und Eva das Bedürfnis verspürten, sich voreinander zu bedecken. Wir machen uns verletzlich, wenn wir jemandem erlauben, uns zutiefst zu kennen. Wenn wir dann Menschen treffen, mit denen wir unser Seelenleben teilen können, ist das eine riesige Erleichterung und ein wunderbares Geschenk.

Diese Sicht auf Freundschaft wird auch von Jesus bestärkt. In einer bemerkenswerten Passage beschreibt er seine Jünger als Freunde:

Ich nenne euch nicht mehr Sklaven, denn der Sklave weiß nicht, was sein Herr tut; euch aber habe ich Freunde genannt, weil ich alles, was ich von meinem Vater gehört, euch kundgetan habe. (Joh 15,15)

Achten Sie auf die Begründung Jesu. Jesus sagt uns, woraus Freundschaft seiner Meinung nach bestehen soll. Die Beziehung zwischen einem Herrn und seinem Sklaven ist, ähnlich wie heute zwischen einem Chef und seinem Angestellten, vor allem funktional: Einer gibt die zu erledigende Arbeit vor, der andere führt sie aus. In beiden Fällen ist der Chef oder der Herr nicht verpflichtet, sich vollständig zu erklären oder offen zu sagen, was ihm wirklich auf dem Herzen liegt: „Der Sklave weiß nicht, was sein Herr tut."

Doch ein Freund *öffnet* sich. Darum geht es Jesus.

Ja, er ist der Meister, und seine Jünger sollen ihm nachfolgen. Doch wir verpassen etwas ungemein Wichtiges, wenn wir es dabei belassen. Er ist unser Herr, doch er ist auch mehr als das. Jesus sagt, dass wir, anders als ein Sklave oder Untergebener, *sehr wohl* wissen, was er tut. Und erstaunlicherweise öffnet er sich uns gegenüber nicht nur ein klitzekleines bisschen, sondern *vollkommen*. Alles, was er uns vom Vater mitzuteilen hat, hat er uns weitergegeben. Er hält nichts Wichtiges vor uns zurück. Es gibt keine „Information nur bei Bedarf"-Strategie, keine Hierarchie von Freigaben. Alles Entscheidende, was Jesus bekannt ist, wissen nun auch wir. Er hat uns alles mitgeteilt. Das ist wunderbar. Er ist *der* Freund schlechthin.

Naturgemäß ist Freundschaft eine wundervolle Form der Vertrautheit. Ein Freund ist jemand, der Sie sowohl in Ihren Glanzmomenten als auch in Ihren beschämendsten Facetten kennt und Sie trotzdem liebt. So sehr gekannt und geliebt zu werden ist unglaublich wertvoll.

Wir alle brauchen das. Die Sprüche loben Freundschaft nicht als nette Dreingabe im Leben, sondern weil sie unverzichtbar für ein weises Leben in Gottes Welt ist.

Viele Gefährten gefährden dich,
ein echter Freund ist treuer als ein Bruder.
(Spr 18,24; NeÜ)

Dieser Vers besagt mehr, als dass Freundschaft etwas anderes ist als Verwandtschaft oder Bekanntschaft. Freundschaft ist durch Nähe, durch Vertrautheit gekennzeichnet, ohne die wir schnell fallen würden. Die Sprüche haben deshalb so viel über Freundschaft zu sagen, weil sie ein wesentlicher Bestandteil der Weisheit ist.

Dies betrifft also uns alle. Ich habe in verschiedenen Gemeinden schon oft zu diesem Thema gesprochen und dabei mehr als einmal das Gefühl gehabt, dass viele der Verheirateten bei sich dachten: *Es ist gut für die Singles, dass sie eine Predigt darüber hören können.* Doch Fakt ist, dass wir alle Freunde brauchen – Verheiratete genauso wie Alleinstehende. Nicht selten habe ich beobachtet, wie eine Ehe in Schieflage geriet, weil beide Partner alle Bedürfnisse an Freundschaft und Nähe ausschließlich beim jeweils anderen suchten und keine Freundschaften außerhalb der Ehe pflegten. Es ist nicht immer einfach, in eine Freundschaft zu investieren, wenn man seine eigene Familie hat, doch es ist eine wichtige Aufgabe, sein Familienleben für andere zu öffnen.

Wenn wir in der Lage sind, solche wie in den Sprüchen beschriebenen Freundschaften zu kultivieren, dann können wir auch ein großes Maß an menschlicher Nähe im Leben genießen. Es ist eine tiefe Form der Vertrautheit, die jedem offensteht und die doch viele von uns niemals erleben (traurigerweise sogar in manchen Ehen nicht).

Mir als Alleinstehendem ist eine bestimmte Form von Nähe mit anderen, wie sie meine verheirateten Freunde genießen, verwehrt – ich kann nicht mein ganzes Leben mit einem anderen Menschen teilen. Doch man kann daraus nicht einfach folgern, ich hätte weniger menschliche Nähe im Leben. Mein Single-Sein ermöglicht mir, viele Freundschaften in einem Ausmaß zu pflegen, wie es mir als Verheiratetem nicht möglich wäre. Einige meiner engsten Freunde sind 20 Jahre jünger als ich, andere sind 20 Jahre älter, und alle haben ganz unterschiedliche geografische und kulturelle Hintergründe.

Ein flexiblerer Lebensstil ermöglicht es mir, sie öfter zu sehen, als wenn ich mich um meine eigene Familie kümmern müsste. Vor einiger Zeit rief mich ein mir nahestehendes Paar an, um mir ganz verstört mitzuteilen, dass sie grade von ihrem Arzt eine schlechte Nachricht erhalten hatten. Als Alleinstehender war es für mich viel einfacher, alles stehen und liegen zu lassen, eine Zahnbürste in meine Reisetasche zu werfen, ins Auto zu springen und sie zu besuchen. Es bedeutete mir viel, dazu in der Lage zu sein. Ein anderes Paar aus meinem Bekanntenkreis hat ein Kind durch Selbstmord verloren. Ich konnte einige Tage bei ihnen verbringen. Es war ein trauriges Privileg, in einer so traumatischen Zeit bei ihnen zu sein.

Das Single-Dasein bietet sich für eine solche Art von Nähe an; dadurch hat man die entsprechende Gelegenheit und die Freiheit. Wenn ich auch nicht die tiefe innige Vertrautheit kenne, die ein verheirateter Freund genießt, so kann ich als Single doch eine einzigartige *Bandbreite* an menschlicher Nähe erleben, zu der ein Verheirateter nicht in der Lage wäre.

4
Single-Sein bedeutet: keine Familie

Vor einiger Zeit traf ich zufällig eine Bekannte, die ich seit etwa zehn Jahren nicht mehr gesehen hatte. Als wir uns über die letzten zehn Jahre austauschten, fragte ich sie nach ihren Kindern. Damals hatte sie zwei Teenager gehabt, die nun Ende 20 sein mussten, also fragte ich, wie es ihnen ginge.

„Einer ist verheiratet, der andere verlobt. Sie sind also beide versorgt."

Ich freute mich, dass es ihnen gut ging. Doch gedanklich blieb ich an dem letzten Wort hängen – *versorgt*.

Ich glaubte zu wissen, was sie meinte. Doch die sich daraus ergebene Konsequenz war schwer zu ignorieren. Was sagte das über mich? Bin ich *unversorgt?*

Solche Kommentare legen oft (wenn auch unabsichtlich) nahe, wir Alleinstehenden seien ein bisschen wie lose Fäden, die herumhängen und wieder festgebunden werden müssen. Als müssten wir erst noch verarbeitet werden. Sobald sich Menschen in ihrer eigenen Familie eingerichtet haben, können sie loslegen. Sie sind bereit für das Leben. Oder sie sind, wie meine Freundin es ausdrückte, versorgt.

Dabei gibt es ein paar Probleme. Eines ist der Gedanke, dass die Zukunft für den Rest des Lebens gesichert sei, sobald man seine eigene Familie habe. Doch wir wissen, dass das nicht der

Fall ist. Ich habe bereits mehrere „Dinge der Welt“ erwähnt, die verheirateten Paaren Schwierigkeiten bereiten können.

Doch das andere Problem (und das Thema dieses Kapitels) ist die Annahme, dass alleinstehend zu sein bedeute, keine Familie zu haben. Wie wir im vorigen Kapitel gesehen haben, spricht die Bibel von Freundschaft als einer wunderbar vertrauten Möglichkeit, eine Beziehung aufzubauen. Doch sie ist nicht der einzige nicht sexuelle Weg, um Nähe zu genießen. Man nimmt gerne an, als Alleinstehender habe man sich von dem Gedanken an eine eigene Familie verabschiedet. Doch auch das muss nicht der Fall sein. So wie die Bibel eine andere Vorstellung von Freundschaft hat, so hilft sie uns auch, die Familie neu zu denken.

Wie Jesus Familie neu definiert

Das sehen wir im gesamten Neuen Testament. Jesus spricht schon zu Beginn seines Dienstes darüber, als jemand seine biologische Familie erwähnt – seine Mutter und seine Halbbrüder.

> *Und er antwortete ihnen und spricht: Wer sind meine Mutter und meine Brüder? Und er blickte umher auf die um ihn im Kreise Sitzenden und spricht: Siehe, meine Mutter und meine Brüder! Wer den Willen Gottes tut, der ist mein Bruder und meine Schwester und meine Mutter. (Mk 3,33-35)*

Jesus definiert neu, wie wir Familie denken sollen. Seine wahre Familie ist geistlicher statt biologischer Natur. Wenn wir den Willen Gottes tun, werden wir Teil seiner Familie. Unsere geistliche

Ausrichtung wird zum entscheidenden Kriterium, viel mehr als unsere leibliche Geburt.

Das ist grundlegend für das, was das Neue Testament weiter über die Gemeinde Jesu als Familie sagt. Es bedeutet, dass wir, wenn wir Christen sind und das Privileg haben, zu einer biologischen Familie zu gehören, nicht meinen müssen, das sei unsere *einzige* Familie. Und wenn wir keine biologische Familie haben, müssen wir nicht annehmen, uns bliebe jegliches Familienleben verwehrt. Jesus sagt sogar, dass das nicht so sein soll. Im Gegenteil.

Wie Jesus eine Familie verheißt

Schauen wir uns einmal eine der bemerkenswertesten und doch weniger bekannten Verheißungen Jesu an.

> *Petrus begann und sagte zu ihm: Siehe, wir haben alles verlassen und sind dir nachgefolgt. Jesus sprach: Wahrlich, ich sage euch: Da ist niemand, der Haus oder Brüder oder Schwestern oder Mutter oder Vater oder Kinder oder Äcker verlassen hat um meinetwillen und um des Evangeliums willen, der nicht hundertfach empfängt, jetzt in dieser Zeit Häuser und Brüder und Schwestern und Mütter und Kinder und Äcker unter Verfolgungen – und in dem kommenden Zeitalter ewiges Leben. (Mk 10,28-30)*

In diesem Abschnitt lesen wir von der wohlbekannten Begegnung zwischen Jesus und dem reichen jungen Mann. Er kommt auf Jesus zu, anscheinend voller Enthusiasmus, Jesus nachzufolgen, jedoch ohne Bereitschaft, das zurückzulassen, was Jesus von ihm verlangt. Und so geht er betrübt fort. Das alles ist sehr ergreifend.

Doch Petrus wittert sofort seine Chance und posaunt in der ihm eigenen Art heraus: „Siehe, wir haben alles verlassen und sind dir nachgefolgt." Wir hören seinen Tonfall nicht, müssen also vorsichtig sein, wenn wir seine Motive ergründen wollen. Es ist durchaus möglich, dass aus ihm die Verzweiflung spricht: „Jesus, du weißt doch, dass wir *wirklich* etwas zurückgelassen haben, um dir nachzufolgen, oder? Du weißt, dass wir alle einen Beruf hatten und Angelegenheiten zu Hause regeln mussten, nicht wahr?" Doch in Anbetracht dessen, was wir an anderen Stellen in den Evangelien über seine Impulsivität lesen und seine Begabung, sich als den geistlichen Helden darzustellen, prahlt er in diesem Vers vermutlich eher. Ein vielversprechender Möchtegern-Nachfolger ist gerade im Anfängerkurs für Jüngerschaft durchgefallen, also erinnert Petrus Jesus daran, wer seine Musterschüler sind. „Jesus", sagt Petrus und heftet den Blick starr auf den Horizont für den Fall, dass jemand die Szene für Instagram mitfilmt, „wir waren bereit, alles für dich aufzugeben. *Alles*." Er stellt sich schon vor, dass eines Tages jemand ein Museum eröffnet, um dieser überwältigenden Zurschaustellung von Jüngerschaft zu gedenken.

So oder so, die Antwort Jesu ist verblüffend, wenn wir erst einmal tiefer darüber nachdenken. Leider tun wir das in der Regel nicht. Da diese kurze Szene so unmittelbar auf eine derart berühmte Begegnung folgt, wird sie in Bibelkommentaren und Predigten oft übergangen. Bis der Prediger fertig ist mit der wissenschaftlichen Erklärung, warum ein Kamel nicht durch ein Nadelöhr passt (selbst wenn man es vorher häckseln würde), bleibt keine Zeit mehr für diesen Austausch zwischen Jesus und Petrus. Doch hier ist einiges sehr bemerkenswert.

Erstens geht Jesus davon aus, dass Menschen etwas zurücklassen werden, um ihm nachzufolgen. Das ist Grundlage der Jüngerschaft. Das hat er immer schon gesagt. Das liebe ich an Jesus: Er versteckt nie etwas im Kleingedruckten. Er sagt glasklar, was die Nachfolge kosten wird. Jüngerschaft ist wunderbar, doch sie ist nicht grundsätzlich leicht. Jesus richtet sich nicht nach gängigen PR-Regeln; er sagt vielmehr, was Sache ist.

Zweitens geht Jesus davon aus, dass das Kostbarste, was Menschen zurücklassen werden, die Beziehungen zu Freunden und Familie sind und mit ihnen bestimmte Formen der Nähe und Geborgenheit, vielleicht müssen sie sogar die gesamte Familie und Verwandtschaft hinter sich lassen. Für einige Nachfolger ist das ganz konkret der Fall. Menschen aus bestimmten Kulturkreisen wissen, dass sie für immer von ihrer Familie verstoßen werden, wenn sie Jesus nachfolgen. Stellen Sie sich das einmal vor! Sie könnten nie wieder Ihre Geschwister sehen. Nicht miterleben, wie Ihre Nichten und Neffen heranwachsen. Ihre Eltern und Verwandte oder Ihr Zuhause oder Ihr Heimatland nie wiedersehen. Das ist keine Bildrede Jesu, für viele seiner Nachfolger ist es bittere Realität. Jüngerschaft hat ihren Preis. Manchmal einen *sehr hohen* Preis.

Doch achten Sie drittens darauf, wie Jesus auf all das reagiert. Er fordert sie nicht auf, einfach die Zähne zusammenzubeißen und auf das künftige Zeitalter zu hoffen, wenn sich alles gelohnt haben wird. Nein. Jesus zeigt ihnen, dass es sich *bereits in diesem Leben* lohnen wird. Was immer jemand zurücklassen muss, um Jesus nachzufolgen: Gott wird es ihm in weitaus größerem Maß ersetzen. Selbst diejenigen, die um Jesu willen ihr ganzes Familiennetzwerk aufgeben müssen, werden von ihm ein Vielfaches zurückbekommen – hundertfach.

Wenn ich es mal so sagen darf: Das ist das *wahre* Wohlstandsevangelium. Jesus verheißt uns keinen größeren Reichtum und Wohlstand, wenn wir ihm nachfolgen. Er verspricht uns keinen großen Immobilienbesitz, wenn wir ernst mit ihm machen. Er sagt nicht, dass Sie für jeden Euro, den Sie ihm geben, 100 zurückerhalten. Nein. Wie die Kosten auf der Beziehungs- und Familienebene veranschlagt werden, so auch der Segen. Jesus verheißt uns eine Familie: „Brüder und Schwestern und Mütter und Kinder und Äcker."[28] (Und ja, auch ein gewisses Maß an Verfolgung, ob wir das nun wollen oder nicht. Das ist Teil des Gesamtpakets.)

Es ist eine außergewöhnliche Verheißung. Welche Beziehung wir als Jünger auch aufgeben mussten, wie viel Familie wir aufgrund unserer Nachfolge auch verlieren mögen, Jesus sagt, dass sich das bereits in diesem Leben auszahlen wird. Seine Nachfolger bekommen eine neue und große geistliche Familie. Biologisch gesehen haben wir zwar nur eine Mutter und einen Vater; durch das Evangelium bekommen wir jedoch viel mehr.

So bemerkenswert die Worte Jesu auch klingen, sind sie im Grunde doch nur eine Erweiterung dessen, was Gott schon immer zu tun verheißen hatte. Das liegt in seinem Wesen, wie uns die Psalmen erinnern: „Den Einsamen gibt Gott ein Zuhause" (Ps 68,7; ZÜ).

Beim Lesen eines solchen Verses denken wir vielleicht: „Ach, es ist wirklich nett, dass Gott so etwas tut." Doch in Wahrheit ist dies zutiefst herausfordernd, denn *wir* sind die Familien aus Psalm 68, in die Gott die Einsamen stellt. Wir sind die Mütter, Schwestern und Brüder, Söhne und Töchter, die Jesus in Markus 10 verheißt. Das macht sein Versprechen so ungewöhnlich: In gewissem Sinn sind wir selbst Teil der Erfüllung. Diejenigen, die ansonsten einsam wären, werden in die Gemeinschaft der Kinder Gottes hineingepflanzt. Wenn Gott Menschen zu sich zieht, zieht er sie auch zueinander. Die Nachfolger Jesu sollen eine Familie sein.

Das zieht sich durch das gesamte Neue Testament, wo die Gemeinde wiederholt als Familie bezeichnet wird. Einer der Lieblingsnamen des Apostels Paulus für die örtliche Gemeinde ist „Gottes Hausgenossen", „Haus Gottes" oder „Familie Gottes":

> *So seid ihr nun nicht mehr Fremde und Nichtbürger, sondern ihr seid Mitbürger der Heiligen und Gottes Hausgenossen. (Eph 2,19, „und gehört zur Familie Gottes"; NeÜ)*

> *Dies schreibe ich dir in der Hoffnung, bald zu dir zu kommen; wenn ich aber zögere, damit du weißt, wie man sich verhalten muss im Hause Gottes, das die Gemeinde des lebendigen Gottes ist, Säule und Fundament der Wahrheit. (1Tim 3,14-15)*

Das soll nicht nur auf dem Papier so sein. In Gemeindekreisen verwenden wir gerne solche Familienbegriffe – und nennen einander „Brüder und Schwestern" –, ohne wirklich darüber nachzudenken. Dies sollen keine Ehrentitel sein. Auch kein „Werbegag"[29], der unsere Gemeinden freundlicher erscheinen lässt. Es ist etwas sehr Reales und soll genauso ausgelebt werden.

Paulus gibt uns hier ein Beispiel, wie das praktisch aussehen kann. Er schreibt an Timotheus, einen jüngeren Gemeindeleiter:

> *Wenn du einen Älteren ermahnen musst, dann fahre ihn nicht hart an, sondern rede mit ihm, als wäre er dein Vater.*

Jüngere ermahne wie Brüder, ältere Frauen wie Mütter, jüngere wie Schwestern mit allem Anstand! (1Tim 5,1-2; NeÜ)

Das ist aufschlussreich. Timotheus soll die Leute in seiner Gemeinde als Familie ansehen und entsprechend behandeln. Doch da ist noch mehr. Er soll sie nicht nur wie seine Familie behandeln, sondern wie seine *engste* Familie. Paulus sagt nicht: „Behandele ältere Männer wie Großonkel" oder „jüngere Männer wie entfernte Cousins". Sie sind keine entfernten Verwandten, sondern gehören zum engeren Familienkreis.

Das ändert alles. Bei entfernten Verwandten reicht es aus, wenn wir sie nur hin und wieder sehen, vielleicht ein- oder zweimal im Jahr bei großen Familienfeiern. Man spürt eine gewisse Verbundenheit und es hat auch eine gewisse Bedeutung, aber man investiert sich nicht wirklich in die andere Person. Doch mit der Kernfamilie sind wir viel stärker verbunden. Wir sollen füreinander da sein und uns aufeinander verlassen. Wir nehmen Anteil aneinander. Was *einem* widerfährt, betrifft *alle.*

All das wirkt sich maßgeblich darauf aus, wie wir Familie im Allgemeinen verstehen. Vielleicht haben wir den Segen einer eigenen leiblichen Familie erlebt. Vielleicht sind Sie verheiratet und haben sogar Kinder. Das ist ein wertvolles Geschenk, für das Sie eine große Verantwortung tragen. Doch das ist nicht Ihre einzige Familie, und es sind auch nicht die einzigen Menschen, denen Sie viel zu verdanken haben. Wenn Sie Christ sind, ist Ihre Gemeinde ebenfalls Ihre Familie. Doch auch wenn das in Ihnen vielleicht den Eindruck erweckt, dies könnte zu einer Konkurrenzsituation oder gar Konflikten führen, sollte genau das Gegenteil der Fall sein. Diese beiden Formen von Familie sollen sich überschneiden, ineinandergreifen und sich so gegenseitig zur Blüte verhelfen, wie es für die eine ohne die andere gar nicht möglich wäre.

In meinem Teil der Welt (Südengland), wie auch in vielen anderen relativ wohlhabenden westlichen Regionen, gelten die Kernfamilien als die grundlegenden Einheiten, in denen unser Leben stattfindet. Mit so einer Familie ist man versorgt; ohne sie ... na ja, braucht man eben eine. Und weil das so ist, nehmen viele Menschen an, dass solche Familien völlig unabhängig und eigenständig sein sollen. Das Ziel ist, eine Ehefrau oder einen Ehemann zu haben, zweieinhalb Kinder, einen schwarzen Labrador und ein schönes Haus. Wenn man all das hat, ist alles da, was man für ein gutes Leben braucht, also kann man die Zugbrücke hochziehen und lebt glücklich bis an sein Lebensende.

Ein Zeichen für diese Lebensweise ist unsere gestiegene Wertschätzung von Privatsphäre. Je reicher wir werden, umso mehr grenzen wir unsere Familie vom Rest der Welt ab. Die – eigentlich metaphorische – Zugbrücke wird so konkret, wie wir es uns leisten können. Wir wollen unser Familienleben abschotten. Diese Haltung breitet sich nur allzu leicht auch in unseren Gemeinden aus.

Doch in der Bibel finden wir das Konzept einer sich selbst genügenden Kernfamilie nicht. Stattdessen sehen wir dort, dass unsere geistliche Familie unsere leibliche Familie braucht und umgekehrt. Wenn die Gemeinde unsere Familie ist, dann sollten die Grenzen unserer leiblichen Familie durchlässig und flexibel sein statt starr und unüberwindbar.

Man erkennt leicht, welche Hilfe das für uns Alleinstehende darstellt. Es kann ein großer Segen sein, Teil des Alltags von anderen Familien zu sein.

Das habe ich schon mehrfach selbst erlebt. Mit einigen Familien bin ich sehr eng verbunden. In einer oder zwei von ihnen mit jüngeren Kindern werde ich regelmäßig gefragt, ob ich bei ihrer Abendroutine mithelfen möchte: vom Zähneputzen über die Gute-Nacht-Geschichte bis zum Abendgebet. Das macht so viel Spaß! Die kleine Tochter eines anderen Freundes bittet mich oft selbst darum, auch dann, wenn ich es nicht anbiete. Natürlich ist nicht jeder Alleinstehende wie ich. Manchen wird allein der Gedanke, mitanzupacken und sich im Alltag einer anderen Familie einzubringen, nur daran erinnern, dass er selbst keine eigene Familie hat. Doch wenn ich auf diese Weise einen kleinen Anteil am Familienleben haben kann, genieße ich das sehr.

Eine andere Familie, mit der ich viel Zeit verbringe, hatte kürzlich eine sehr turbulente Woche vor sich, also bot ich an, die Kinder ein paar Tage lang zur Schule zu bringen und abzuholen. Ich dachte mir, dass sie dann eine Sache weniger zu organisieren hätten.

„Das können wir doch nicht von dir verlangen!“

„Tut ihr ja nicht – ich habe es angeboten“, antwortete ich.

Für sie ist es eine alltägliche Aufgabe. Für mich dagegen ist es eine Abwechslung, das für ein paar Tage zu tun. Ich habe sonst nie die Möglichkeit, Elterntaxi zu spielen. Was für Eltern oft zum alltäglichen Stress gehört, macht manchen von uns Singles vielleicht sogar viel Spaß. Außerdem bietet es eine prima Gelegenheit, mit den Kids zu reden und herauszufinden, wie es in der Schule läuft. Ich erfahre, wer ihre Freunde sind, welche Fächer ihnen am meisten Spaß machen und welche sie hassen (und dabei lerne ich dann auch noch die neusten umgangssprachlichen Ausdrücke). Ich weiß tausendmal besser, wie ich für sie beten kann, selbst wenn wir nur eine kurze Zeit miteinander im Auto verbracht haben.

Manchmal komme ich auch vorbei und koche für alle. So schön es auch ist, Leute bei mir zu Besuch zu haben, ist es doch manchmal viel praktischer, ihnen das Essen mitzubringen, statt zu organisieren, dass alle Familienmitglieder gleichzeitig zu mir kommen. Es ist eine Möglichkeit, Zeit miteinander zu verbringen, ohne dass der Aufwand für sie zu groß ist.

Solche Familien strahlen eine große Offenheit aus. Sie laden mich nicht einfach nur ein; sie öffnen ihr Familienleben für mich und lassen mich daran teilhaben. Andrea Trevenna beschreibt eine andere Art, wie Familien ein solch offenes Familienleben praktizieren können:

> *Ich liebe es, wenn ich bei verheirateten Freunden zu Hause bin und dort nicht nur (wenn überhaupt) ihre Hochzeitsfotos sehe, Fotos von ihren Kindern und Schnappschüsse aus dem Urlaub, sondern auch Fotos von anderen Familien und Freunden (und manchmal bin sogar ich darunter!). Das erinnert mich daran, dass „Familie" nicht nur die biologische Kernfamilie ist, dass ich nicht alleine bin, sondern als Christin Teil einer wunderbaren größeren Familie bin.*[30]

Es klingt vielleicht ein bisschen seltsam, aber es tut mir gut, wenn sich Familien trauen, auch in meiner Gegenwart zu streiten. Es macht mir zwar nicht unbedingt Spaß, Zeuge davon zu werden, aber es zeigt mir, dass sie mich als Teil ihres normalen Lebens sehen. Niemand benimmt sich anders, nur weil ich da bin. Gerade wenn man *kein* Aufhebens um einen Gast macht, kann das bewirken, dass er sich besonders wertgeschätzt und zu Hause fühlt. Man bekommt keine einstudierte Version des Familienlebens präsentiert, sondern das wahre Leben selbst, mit allem Drum und Dran.

Natürlich erkennen Singles dadurch auch, dass das Familienleben keine reine Idylle ist. Klar, es gibt Zeiten, da sind die Kinder alle wunderbar niedlich. Doch manchmal herrscht auch Kleinkrieg. Das Gleiche gilt für Ehen. Ich habe genug Ehen gesehen, um zu wissen, dass das nicht immer ein Zuckerschlecken ist. Paare leben nicht „glücklich bis an ihr Lebensende", nur weil sie sich einmal ihr Eheversprechen gegeben haben. Das hilft Alleinstehenden, ein realistisches Bild davon zu bekommen, wie das Leben auf der anderen Seite des Zauns oft aussieht.

Das ist der Unterschied zwischen dem, was die Bibel unter Gastfreundschaft versteht, und dem, was bei uns im Westen dafür durchgeht. Zu oft ist das, was wir tun, ein bloßes Bewirten von Gästen, keine wahre Gastfreundschaft. Wir ziehen eine Show ab. Wir präsentieren jemandem statt unseres tatsächlichen Familienlebens die Instagram-Version. Das ist häufig dann der Fall, wenn Gastfreundschaft nur sporadisch ausgeübt wird und mit Extravaganz verbunden ist. Doch in der Bibel bedeutet Gastfreundschaft, dass wir unseren normalen Alltag für andere (oft und gerade auch für Fremde) öffnen, sie einfach dabei sein lassen. Man braucht streng genommen gar keinen konkreten Ort, an den man einladen kann (in den überfüllten Städten können sich das viele gar nicht leisten). Es hat mehr damit zu tun, sein Leben mit anderen zu teilen, egal, in welcher Form und zu welcher Zeit.

Dazu sind wir alle aufgerufen. Für manche ist das ein regelrechter Dienst, doch ist es die Aufgabe aller Gläubigen:

> *In Hoffnung freut euch; in Bedrängnis harrt aus; im Gebet haltet an; an den Bedürfnissen der Heiligen nehmt teil; nach Gastfreundschaft trachtet! (Röm 12,12-13)*

Gastfreundschaft ist offensichtlich wichtig. Paulus listet sie zusammen mit Gebet und Hilfen für Bedürftige als Verpflichtungen für alle Christen auf. Petrus sagt das Gleiche:

Seid gastfrei gegeneinander ohne Murren! (1Petr 4,9)

Petrus erinnert uns nicht nur daran, *was* wir tun sollen, sondern dass wir es außerdem ohne zu murren tun sollen. Wir sollen fröhliche Gastgeber sein. Petrus trägt uns hier nicht auf, *etwas Bestimmtes zu tun,* sondern *eine bestimmte Art Mensch zu sein:* jemand, der gerne bereit ist, sein Leben und sein Zuhause mit anderen zu teilen. Das ist sogar so wichtig, dass es als Qualifikation für jeden Gemeindeleiter genannt wird:

Der Aufseher nun muss untadelig sein, Mann einer Frau, nüchtern, besonnen, anständig, gastfrei, lehrfähig, kein Trinker, kein Schläger, sondern milde, nicht streitsüchtig, nicht geldliebend. (1Tim 3,2-3)

Ich habe miterlebt, dass sich Leute aufgrund von Trunksucht und ehelicher Untreue für den Dienst in der Gemeindeleitung disqualifiziert haben, doch mir ist noch nie zu Ohren gekommen, dass das Thema Gastfreundschaft bei einem zukünftigen Pastor oder Ältesten auch nur angesprochen worden wäre. Und doch listet Paulus sie zusammen mit den anderen Dingen auf, deren Fehlen für den Dienst disqualifizieren würde.

Das Neue Testament ruft uns zu praktizierter Gastfreundschaft auf, doch das heißt nicht, dass wir noch einen weiteren Punkt in unseren übervollen Terminkalender schreiben sollen. Vielmehr sollten wir nach Möglichkeiten suchen, wie wir andere

Menschen in das, was wir sowieso schon tun, einbeziehen können. Das kann gewaltige Auswirkungen haben:

> *Die Gastfreundschaft vergesst nicht! Denn dadurch haben einige, ohne es zu wissen, Engel beherbergt. (Hebr 13,2)*

Damit wird auf eine Begebenheit im Leben von Abraham angespielt, als er einige Fremde aufnahm, ohne zu merken, dass es sich dabei um den Herrn und seine Engel handelte (1Mo 18,1-8). Der Schreiber des Hebräerbriefes macht hier deutlich, dass Gott Gastfreundschaft auf eine Weise nutzen kann, die wir nie erwarten würden. Wir dürfen nie unterschätzen, was am Küchentisch für das Reich Gottes erreicht werden kann. Es ist ein Ort, den Gott sehr gerne gebraucht.

Die Bedeutung und die Auswirkungen von Gastfreundschaft sollten uns nicht überraschen. Es ist kein Zufall, dass sie von Christen verlangt wird und dass Gott es liebt, sie auf so umfassende Weise zu gebrauchen. Genau betrachtet ist Gastfreundschaft eine umfassende Manifestation dessen, was das Evangelium bedeutet. Sie spiegelt genau das wider, was Gott für uns getan hat. Lesen Sie, wie Paulus das Werk Christi beschreibt:

> *Ihr wart damals von Christus getrennt, vom Bürgerrecht Israels ausgeschlossen und standet den Bündnissen Gottes und den damit verbundenen Zusagen als Fremde gegenüber. … Doch jetzt seid ihr, die ihr damals Fernstehende wart, durch die Verbindung mit Jesus Christus und durch sein Blut zu Nahestehenden geworden. (Eph 2,12-13; NeÜ)*

Wir sind also mit anderen Worten alle durch göttliche Gastfreundschaft errettet worden. Wir waren getrennt von Gott, dürfen aber jetzt in seine Gegenwart treten, in seine Hausgemeinschaft. Gott hat uns aufgenommen und an seinen Tisch gesetzt. Und das alles durch das Blut Christi. Er war verlassen und ausgestoßen, damit wir dazugehören dürfen. Das Zeichen dafür, dass wir selbst eine solche Gastfreundschaft genossen haben, ist, dass wir sie auch anderen gewähren.

Singles denken manchmal zu schnell, die Initiative müsse immer von den Familien ausgehen, und ja, oft ist es für Familien leichter, eine Mahlzeit um eine weitere Portion zu strecken, als für einen Alleinstehenden, vier oder fünf weitere Personen zu verköstigen. Aber das ist kein Grund für uns, herumzusitzen und darauf zu warten, dass uns eine Familie einlädt. Wir sollen auf sie zugehen und selbst die Initiative ergreifen.

Doch für diejenigen unter uns, die ihre eigene leibliche Familie haben, lohnt sich die Frage, wen wir regelmäßig an unserem Familienleben teilhaben lassen und wem wir uns öffnen. Wenn wir ein Gästezimmer haben, nutzen wir es, um einem anderen dort ein Zuhause zu ermöglichen? Nicht alle Familien können sich im gleichen Ausmaß und auf die gleiche Weise öffnen, doch ich vermute, dass die meisten von uns mehr, vielleicht sogar viel mehr tun könnten, als wir tatsächlich tun.

Betrachten wir noch einmal den „hundertfachen" Segen, den Jesus uns verheißt:

Jesus sprach: Wahrlich, ich sage euch: Da ist niemand, der Haus oder Brüder oder Schwestern oder Mutter oder Vater oder Kinder oder Äcker verlassen hat um meinetwillen und um des Evangeliums willen, der nicht hundertfach empfängt, jetzt in dieser Zeit Häuser und Brüder und Schwestern und Mütter und Kinder und Äcker unter Verfolgungen – und in dem kommenden Zeitalter ewiges Leben. (Mk 10,29-30)

Was meint Jesus mit den „Häusern“ und „Äckern“?

Er verspricht seinen Nachfolgern hier keinen ausgedehnten Immobilienbesitz. Er spricht nicht von Grundstücken, sondern von etwas viel Wertvollerem: dass man sein Zuhause teilt. So, wie wir die versprochenen Mütter, Brüder und Schwestern, Söhne und Töchter für diejenigen sind, die all das nicht haben, so sollen wir auch unsere Häuser und Äcker zur Verfügung stellen.

Denken Sie einen oder zwei Momente über diese Frage nach: Wer hat (außer einem Nachbarn für Notfälle) einen Schlüssel für Ihr Zuhause? Gibt es mit anderen Worten jemanden, der nicht Ihren Nachnamen trägt und der für Sie dennoch wie ein Familienmitglied ist? Jemand, der so sehr zu Ihrer Familie gehört, dass er wie Ihre Familienmitglieder die Freiheit genießt, jederzeit vorbeikommen zu dürfen, ohne eingeladen zu sein oder vorher Bescheid zu geben?

Ein Ehepaar, das ich sehr gut kenne, hat neulich genau das für mich getan – die beiden haben mir ihren Wohnungsschlüssel gegeben. „Der ist für dich – du gehörst zur Familie.“ Sie machten kein großes Aufheben darum, sondern warfen mir einfach den Schlüssel zu. Doch mir bedeutete es viel. Ich war sehr berührt. Und es war nicht das erste Mal, dass mir so etwas passiert ist.

Ein Großteil dieses Buches ist an einem Schreibtisch im Haus eines Freundes entstanden, der nur wenige Stunden von mir entfernt wohnt. Es ist mir zum zweiten Zuhause geworden. Dort ist es wunderbar. Vom Moment meiner Ankunft bis zu meiner Abreise weicht der Hund nicht von meiner Seite und begleitet mich treu von Zimmer zu Zimmer. Die Katzen scharen sich um mich und lassen sich oft still neben mir nieder. Wenn eine von ihnen beschließt, dass ich genug gearbeitet habe, macht sie sich auf meinem Laptop breit, sodass meine Finger von der Tastatur befreit werden und die Katze streicheln können. Sobald der Hund spitzkriegt, dass Spielen angesagt ist, springt er auf und wedelt vor Freude alles zur Seite (auch die Katzen), bis wir rausgehen und eine Weile den Wald erkunden.

Sich in der Zuneigung der Tiere zu sonnen wäre an sich schon prima, aber es ist die Familie, wegen der ich mich hier wie zu Hause fühle. Wir sind seit Jahren eng befreundet und haben schon tiefe Tragödien und wunderbare Freuden gemeinsam geteilt. Kurz nachdem sie hierhergezogen waren, luden sie mich nicht nur auf einen Besuch ein, sondern boten mir auch an, einige Kleidungsstücke und meinen Kulturbeutel im Schrank zu deponieren, sodass ich für zukünftige Besuche nichts mehr einpacken muss. Obwohl ich keinen Quadratzentimeter an eigenen Immobilien irgendwo auf der Welt besitze, habe ich doch jede Menge Häuser und Äcker.

Wie es meine Freundin Rosaria Butterfield ausdrückt: „Das Evangelium kommt mit einem Haustürschlüssel."[31]

Auf gewisse Weise habe ich außerdem Söhne und Töchter.

Grade erst war ich bei einer Familie in Amerika, die ich gut kenne. Für die Kinder stand der Beginn des neuen Schuljahres an, und vor dem ersten Schultag nach den Ferien veranstaltete die örtliche Grundschule einen Abend der offenen Tür, sodass die Familien mit ihren Kindern vorbeischauen und die Lehrer treffen konnten, um so nach den langen Sommerferien das Eis zu brechen. Die elfjährigen Zwillinge meines Freundes bestanden darauf, dass ich mitkam, da sie mir ihre Schule* zeigen wollten. Einer von den beiden hatte ein bisschen Angst vor dem neuen Schuljahr, also wollte ich gerne alles tun, um ihm zu helfen. Doch am Ende wollten die Zwillinge nicht nur, dass ich ihre Schule sah, sondern jeder ihrer Lehrer sollte ihren englischen Freund kennenlernen. Das war sehr anrührend.

Manches davon klingt so, als ob nur eine Seite der Nutznießer wäre. Doch in Wahrheit ist es eine Win-Win-Situation. Letztes Jahr sprach ich vor einer Gruppe Pastoren in einer anderen Region über dieses Thema. Etwa einen Tag später schrieb mir jemand, den ich kaum kannte. Er war nicht bei der Versammlung gewesen und auch kein Pastor, doch er wollte mir für das danken, was ich gesagt hatte. Er ist alleinstehend, und einer der Pastoren aus der Versammlung gehörte zu seinen Freunden und hatte ihm gerade seinen Hausschlüssel gegeben. Und ein paar Monate später kam jemand auf mich zu und erzählte, er wäre bei meinem Vortrag gewesen. Es stellte sich heraus, dass es sich um eben jenen Pastor handelte, der den Schlüssel weitergegeben hatte. Er wollte mir für diese Herausforderung danken, denn es war für ihn ein immenser Segen, dass dieser Freund nun mehr Anteil an seinem Leben hatte.

Fakt ist, dass es auch den Familien guttut, andere Menschen in ihr Leben hineinzulassen. Das hilft nicht nur den Menschen, die man teilhaben lässt, sondern auch der Familie selbst. So hatte Gott das geplant: Unsere leiblichen und unsere geistlichen Familien brauchen einander. Nicht nur die anderen brauchen Ihre leibliche Familie, auch Ihre leibliche Familie braucht die anderen.

---

* Die amerikanischen *Elementary Schools* umfassen die Klassenstufen vom Kindergarten bis zur vierten, fünften oder sechsten Klasse (je nach Schulbezirk). (Anm. d. Übers.)

Die Grenzen Ihres Familienlebens müssen auch um Ihrer eigenen Familie willen durchlässig sein.

Das zeigt sich auf unterschiedlichen Ebenen. Eine Mutter erzählte mir einmal, wie gerne sie Zeit mit den Singles in ihrer Gemeinde verbringt. Es sei so einfach, sagte sie, sich nur mit anderen Müttern zu umgeben, deren Kinder ähnlich alt sind wie ihre eigenen. Solche Gemeinsamkeiten sind viel wert – man kann Erfahrungen austauschen und einander ermutigen –, doch die Gefahr besteht, dass das Leben und die Identität von Eltern ausschließlich von ihrem Eltern-Sein definiert werden. Diese Mutter sagte, das Zusammensein mit Alleinstehenden würde sie daran erinnern, dass es da draußen auch noch ein Leben jenseits von Kinderbetreuung gibt. Wenn sie sich mit Singles trifft, schafft das eine Verbindung zu der restlichen Welt, zu der sie sonst, so fürchtet sie, leicht den Kontakt verlieren würde.

Ich denke auch an die vielen Gelegenheiten, die ich als alleinstehender Mann habe, meine Freunde zu ermutigen, die verheiratet sind (und das sind die meisten). Als Single kann ich die Aufgabe übernehmen, für sie als Ehemänner zu beten. Ich kann ihnen keinen Rat aus eigener Eheerfahrung geben, doch ich weiß genug von dem, was die Bibel dazu sagt, wonach Ehemänner streben sollen. Und mir ist bewusst, wie sehr sie Unterstützung und Rechenschaftspflicht benötigen, um das zu erreichen.

Doch wenn man andere mit ins Familienleben hineinnimmt, können besonders die Kinder davon profitieren. Ich erinnere mich daran, wie ich vor vielen Jahren das erste Mal gebeten wurde, Patenonkel zu werden. Ich war erst Anfang 20, und ein Paar, kaum älter als ich, erwartete ihr zweites Kind. Sie fragten mich, ob ich Patenonkel der Kleinen werden wolle. Was mich verblüffte, war der Grund. Sie sagten, es ginge ihnen nicht um

Geburtstage und Geschenke (was auch in Ordnung wäre; wenn ihr Alter sich mit der Anzahl der Geburtstage decken würde, an die ich dabei tatsächlich gedacht habe, dann wäre sie das einzige Kleinkind mit Führerschein). Stattdessen sagten sie: „Es ist uns wichtig, dass du für uns als Eltern betest. Und wir möchten, dass du jemand bist, mit dem sie reden kann, wenn sie älter wird und nicht mehr unbedingt mit uns reden möchte."

Sie gingen davon aus, dass es im Leben ihrer Tochter Zeiten geben würde, in denen sie ihr nicht die besten Gesprächspartner wären. Das fand ich sehr weise. Es ist eine Tatsache, dass Eltern ihren Kindern nie alles geben können, was sie brauchen. Eigentlich sollte das selbstverständlich sein, doch oft habe ich das Gefühl, dass sich Gemeinden sträuben, wenn ich das sage. Dabei ist es doch offensichtlich. Alle Eltern haben Grenzen, alle Eltern sind Sünder. Sie können nicht darauf hoffen, ihren Kindern immer in allem das Beste zu geben. Und hier ist wieder der Mythos der selbstgenügsamen Familie. Eltern hegen manchmal die unrealistische Vorstellung, ihre Kinder seien fehlerlos. (Wie jemand einmal sagte: Wer sein Baby als „Engel" bezeichnet, hat ganz offensichtlich weder von Babys *noch* von Engeln eine Ahnung.)

Eltern haben manchmal auch eine unrealistische Vorstellung davon, was ihre Erziehung leisten kann. Jede Mutter, jeder Vater hat natürliche Begabungen und natürliche Schwächen. Niemand von uns ist in seinem Menschsein vollkommen. Alle Eltern haben ihre Schwachstellen. Ein Kind, das seinen geistlichen Einfluss ausschließlich von den Eltern bekommt, dessen Verständnis von einem Leben als Christ wird unvollständig oder vielleicht sogar verzerrt sein. Eltern bekommen nie alle Aspekte des christlichen Lebens richtig hin; wenn Kinder also auch Impulse von der erweiterten Gemeindefamilie erhalten, dann ist das kein Luxus, sondern eine Notwendigkeit. Hoffentlich ist das eine Rolle, die Jugend- und Kindermitarbeiter in den Gemeinden ganz natürlich übernehmen. Doch es ist gut, wenn auch Freunde der Familien an der geistlichen Entwicklung von Kindern beteiligt sind. Wenn Kinder sehen, wie andere Menschen ihren christlichen Glauben leben, erkennen sie, dass das nicht nur die Meinung ihrer Eltern ist, sondern dass auch andere Leute Jesus nachfolgen. Und weil es in jeder Ehe und in jeder Familie Sonderlinge gibt, kann der Impuls von ehrenamtlichen Tanten und Onkeln ausgleichend wirken. Wie Ray Ortlund feststellt: „Unsere unterschiedlichen Familienhintergründe bewirken, dass wir alle ein bisschen seltsam sind."[32] Es braucht Demut, das einzugestehen, aber die Chance Ihrer Kinder auf Ausgewogenheit ist viel größer, wenn sie im Leben nicht nur auf Sie schauen.

Auch dadurch sehen wir, wie sich die Verheißung Jesu aus Markus 10 erfüllt, wo er den Jüngern als Konsequenz ihrer Nachfolge Kinder verspricht. Wie bereits gesagt: Es ist ein wunderbares Vorrecht, Teil des Familienlebens einiger meiner Freunde zu sein. Im Leben von Kindern eine geistliche Rolle übertragen zu bekommen ist eine große Verantwortung. Eltern müssen sorgfältig entscheiden, wer einen solchen Einfluss ausüben darf. Heute sind wir uns der Gefahr besonders bewusst, dass die falschen Leute Einfluss auf unsere Familie bekommen können. Unsere Kinder sind verletzlich. Es ist gut, sich das klarzumachen und darauf zu achten, welchen Einfluss wir zulassen. Doch obwohl diese Gefahr beträchtlich ist, ist sie nicht die einzige. Falscher Einfluss ist genauso schädlich wie gar kein anderer Einfluss.

In ein paar Wochen fahre ich in Urlaub und kann es kaum erwarten. Nicht, weil ich so viel zu tun gehabt hätte und mich auf eine Pause freuen würde (obwohl beides zutrifft). Auch nicht, weil das Ziel so bezaubernd und exotisch wäre. Meine Bekannten reißen Witze über mein geplantes Reiseziel. Viele von ihnen wohnen dort. Ich brauche keine Impfung, um einreisen zu dürfen, und es besteht keine Gefahr, Promis zu begegnen. Ich werde wohl an dem am wenigsten glamourösen Ort Großbritanniens sein. Nein, das, worauf ich mich am meisten freue, ist meine Begleitung. Jedes Jahr verreise ich eine Woche lang mit einer Truppe von etwa 15 Leuten. Das machen wir schon seit ca. 15 Jahren so, wobei immer mal wieder der eine oder andere dazugekommen oder abgesprungen ist. Normalerweise besteht unsere Gruppe aus zwei Familien mit insgesamt sechs Kindern im Alter zwischen fünf und 15 und drei oder vier Singles.

Wir alle finden das toll. Wir sind eine große Gruppe, müssen also nicht alles gemeinsam unternehmen. Wenn jemand Zeit für sich haben möchte, kann er sich einfach zurückziehen, ohne sich dabei unsozial zu fühlen. Was die jüngeren Kinder gerne machen, findet der Rest nicht unbedingt super. Einige der Männer sind große Dampflok-Fans und müssen, aus welchen Gründen auch immer, unbedingt mindestens einen Tag damit verbringen, mit einem dieser altertümlichen Züge zu fahren, von denen sich der Rest der Welt vor einigen Generation freudig verabschiedet hat. (Zugegeben: Im Geheimen finden wir das alle klasse.) Einen oder zwei Tage verbringen wir am Strand und einen anderen, wo wir gemütlich im Haus abhängen.

Das Erfolgsrezept ist, dass es eine Win-Win-Situation ist. Die Eltern lieben es, denn so müssen sie mal nicht jeden Tag für die ganze Familie kochen und Freunde der Kinder empfangen. Die Kinder lieben es, weil es ihnen nicht an Leuten mangelt, mit denen sie Zeit verbringen und spielen können. Und die

Alleinstehenden wie ich lieben es, weil es uns den Vorwand liefert, all die Dinge zu tun, die man nur machen darf, wenn Kinder dabei sind, wie Sandburgen oder Wälle gegen die heraufziehende Flut zu bauen. Diese Woche ist eine meiner liebsten im Jahr. Es ist ein Familienurlaub, unabhängig davon, ob wir eine eigene Familie haben oder nicht.

Wie Jesus uns mit einer Familie versorgt

Vor einiger Zeit plante ich eine Predigtserie über den Brief, den Paulus an Titus schrieb. Die erste Predigt befasste sich nur mit den ersten vier Versen, in denen Paulus sich selbst vorstellt und die Empfänger grüßt. Solche Stellen im Neuen Testament überspringen wir gerne, um uns mit dem eigentlichen Thema zu beschäftigen, also dachte ich mir, es wäre doch interessant herauszufinden, was Paulus über sich selbst und über seinen Freund Titus zu sagen hat. Wenn ich innehalte und auf die Details von eigentlich bekannten Schriftstellen achte, lerne ich oft am meisten.

Sehen wir uns an, wie Paulus sich selbst beschreibt:

Paulus, Knecht Gottes, aber Apostel Jesu Christi. (Tit 1,1)

Nicht ungewöhnlich, wenn man bedenkt, wie sich Paulus normalerweise beschreibt, aber bei genauerem Nachdenken dennoch radikal. Mit „Knecht“ ist hier ein Sklave gemeint. Ein „Apostel“ ist jemand, der von Jesus speziell autorisiert wurde, um an seiner Stelle zu sprechen und zu schreiben. Es ist interessant, dass für Paulus Knechtschaft und Autorität zusammengehören. Das ist eine unverwechselbar christliche Sichtweise. Einige von uns sind Eltern oder

Chefs oder Gruppenleiter in der Gemeinde oder einfach geborene Anführer, denen andere gerne nachfolgen. Doch als Christen sollen wir eine solche Autorität ausschließlich zum Nutzen anderer ausüben. Dieses Vorbild hat uns Christus gegeben, der seine absolute Autorität durch seine absolute Dienstbereitschaft demonstrierte. Diese Einstellung hat den Apostel ergriffen und soll auch uns ergreifen, sodass wir alle Positionen, die wir im Leben einnehmen, dazu nutzen, uns für andere statt für uns selbst einzusetzen.

Allein dieser eine Vers hat mir eine Menge Stoff zum Nachdenken geboten. Doch noch mehr beeindruckte mich das, was Paulus über Titus sagt:

> *Titus, meinem echten Kind nach dem gemeinsamen Glauben. (Tit 1,4)*

Wieder drückt Paulus hier mit wenigen Worten eine große Wahrheit aus. (Auf Twitter wäre er der Held gewesen.) Hätte ich nicht eine halbe Predigt aus diesen Worten ziehen müssen, hätte ich sie mir wahrscheinlich nicht so genau angeguckt. Doch sie haben in der Tat mein Leben verändert. Paulus beschreibt Titus nicht als „meinen lieben Mitarbeiter und Kollegen" oder als „meinen lieben Freund". Er nennt ihn „mein echtes Kind".

Das fordert unsere typische Sichtweise von Paulus heraus. Wir nehmen ihn gerne als alleinstehend, unverheiratet und kinderlos wahr. Doch das stimmt nicht ganz. Ja, Paulus *war* Single. Er war nicht verheiratet. Aber er *hatte* Kinder. Titus ist sein „echtes Kind". Und das ist keine Floskel aus dem 1. Jahrhundert. Paulus beschreibt Titus hier wörtlich als sein *„rechtmäßiges* Kind" (1,4; ZÜ). Das ist keine Schönfärberei, damit sich Paulus als Single besser fühlte. Es entspricht der Wahrheit. Paulus hatte Titus zum Glauben an

Christus geführt. Der Dienst des Paulus hatte Frucht in Titus entstehen lassen. Titus war für Paulus nicht nur ein Mitgläubiger oder ein Bruder in Christus. Geistlich gesehen war er Paulus' Sohn.

Single zu sein ist manchmal hart. Zum Beispiel, wenn man ein Alter erreicht, in dem fast alle Freunde Kinder haben, nur man selbst nicht. (Das ist natürlich auch für kinderlose Paare schwer.) Das wurde mir vor einigen Jahren bei der Hochzeit eines guten Freundes schmerzhaft bewusst. Ich beobachtete, wie der Vater der Braut mit seiner Tochter tanzte. Ihre Schwester erzählte mir, dass er dafür extra ein paar Tanzstunden genommen hatte. Er wollte diesen Moment mit seiner Tochter genießen, bevor sie einen neuen Lebensabschnitt und ein eigenes Familienleben mit ihrem Mann beginnen würde. Es war ein schöner Anblick, aber auch ein schmerzhafter. Mir wurde bewusst, dass ich niemals eine Tochter haben würde, mit der ich an ihrem Hochzeitstag tanzen könnte. Ich weiß nicht, warum mir das plötzlich so einen Stich versetzte – der Gedanke war mir noch nie zuvor gekommen. Doch der Stich war da – und tat sehr weh.

Eine andere alleinstehende Freundin sagte mir, dass es ihr besonders schwergefallen sei, zusammen mit ihrer Freundin die Fotos der Abschlussfeier von deren Tochter anzusehen. Das setzte ihr zu – dass sie niemals auf die Abschlussfeier ihrer eigenen Tochter gehen würde. Für jeden von uns ist es eine andere Situation. Ein plötzlicher, unerwarteter Moment des Verlustgefühls. Insofern ist so ein Vers wie dieser aus dem Titusbrief eine unglaubliche Ermutigung. In gewissem Sinn können auch wir unverheirateten Singles Eltern sein. Titus ist Paulus' Sohn.

Und wie es sich herausstellt, ist Titus kein Einzelkind. Paulus „zeugte" viele Kinder. Sehen wir uns an, was er über Timotheus sagte:

> *Timotheus, meinem echten Kind im Glauben. (1Tim 1,2)*
> *Timotheus, meinem geliebten Kind. (2Tim 1,2)*
>
> *Du nun, mein Kind. (2Tim 2,1)*
>
> *Timotheus ... mein geliebtes und treues Kind im Herrn. (1Kor 4,17)*

Selbst im Gefängnis wurde Paulus zu einem geistlichen Vater. Er schreibt an Philemon: „Ich bitte dich für mein Kind, das ich gezeugt habe in den Fesseln, Onesimus“ (Phm 10). Paulus zeugte sogar so viele geistliche Kinder, dass er zum Vater ganzer Gemeinden wurde:

> *Denn wenn ihr zehntausend Erzieher in Christus hättet, so doch nicht viele Väter; denn in Christus Jesus habe ich euch gezeugt durch das Evangelium. (1Kor 4,15)*
>
> *Meine Kinder, um die ich abermals Geburtswehen erleide, bis Christus in euch Gestalt gewonnen hat. (Gal 4,19)*

Doch es wäre ein Fehler anzunehmen, dies sei nur ein rührseliger Trostpreis für diejenigen, die keine echten Kinder haben. Titus ist der wahre Sohn von Paulus, sein „echtes Kind“. Nicht fast so wie ein Kind, nicht so ähnlich wie ein Kind, nicht gleichgestellt wie ein Kind, sondern ein *rechtmäßiges* Kind.

Nichts davon ist überraschend. Die Bibel hat schon lange zuvor darauf hingewiesen. Bereits vor langer Zeit sagte Gott seinem Volk, dass den Kinderlosen eine Segnung zuteilwird, die den Segen leiblicher Kinder weit übertrifft:

Denn so spricht der HERR:
Den Eunuchen, die meine Sabbate bewahren
und das erwählen, woran ich Gefallen habe,
und festhalten an meinem Bund,
denen gebe ich in meinem Haus und in meinen Mauern
einen Platz und einen Namen,
besser als Söhne und Töchter.
Einen ewigen Namen werde ich ihnen geben,
der nicht ausgelöscht werden soll. (Jes 56,4-5)

Diese Sichtweise erklärt die verblüffende Reaktion Jesu, nachdem eine Frau aus der Menge gerufen hatte, wie gesegnet Maria als seine Mutter sei:

> *Als Jesus das sagte, rief eine Frau aus der Menge: „Wie glücklich ist die Frau, die dich geboren hat und stillen durfte!" „Ja", sagte Jesus, „doch wirklich glücklich sind die Menschen, die das Wort Gottes hören und befolgen." (Lk 11,27-28; NeÜ)*

Kinder sind ein großer Segen. Das unterstreicht die Bibel mehrfach. Ja, sie sind eine große Verantwortung, aber auch ein wertvolles Geschenk Gottes.

Und wenn es je Anlass gegeben hat, ein Elternteil als gesegnet zu bezeichnen, dann wohl bei Maria. Sie hatte alle Freuden der Mutterschaft erlebt – ein gesundes Baby, die Begeisterung über das erste Zähnchen und die ersten Schritte. Doch sie war auf noch eine ganz andere Weise gesegnet: Ihr Sohn war niemand Geringeres als der ewige Sohn Gottes. Der, der da in ihrem Leib heranwuchs und später an ihrer Brust lag, war Gott selbst. Man kann sich fast vorstellen, wie ihr weihnachtlicher Familien-Rundbrief alle anderen in den Schatten stellte. Kein Wunder, dass diese namenlose Frau in der Menge Jesus diese Worte zuruft. Maria war gesegnet.

Ja, das war sie. Auf einzigartige Weise. Doch Marias größter Segen bestand in etwas, an dem wir alle teilhaben können. Jesus sagt, dass es einen Segen gibt, der größer ist als Elternschaft, selbst wenn es sich bei dem Kind um den Sohn Gottes handelt. Dieser Segen besteht darin, ein gehorsamer Christ zu sein. Wenn Sie das Wort Gottes hören und befolgen, dann sind Sie gesegneter als alle Eltern aller Kinder. Doch da ist noch mehr.

Wenn leibliche Söhne und Töchter nicht der größte Segen an sich sind, dann stimmt es auch, dass leibliche Kinder nicht die einzige – oder gar bedeutendste – Art von Kindern sind, die wir haben können. Männer und Frauen können leibliche Kinder zeugen. Aber auch das Evangelium selbst bringt geistliche Nachkommen hervor. Wir sehen das in der Prophetie Jesajas über den Tod Jesu:

> *Doch dem HERRN gefiel es, ihn zu zerschlagen. Er hat ihn leiden lassen.*
>
> *Wenn er sein Leben als Schuldopfer eingesetzt hat, wird er Nachkommen sehen, er wird seine Tage verlängern.*
>
> *Und was dem HERRN gefällt, wird durch seine Hand gelingen. (Jes 53,10)*

Diese Worte kommentiert John Piper so:

> *Wenn der Messias als „Schuldopfer" stirbt und wiederauferstehet, um für immer „seine Tage (zu) verlängern", wird er durch diese Erlösungstat viele Kinder hervorbringen: Er*

wird „Nachkommen sehen". Mit anderen Worten: Das neue Volk Gottes, das der Messias gewonnen hat, beruht nicht auf körperlicher Fortpflanzung, sondern auf dem Sühnetod Christi.[33]

Das bedeutet, dass auch diejenigen, die traurig darüber sind, dass sie keine leiblichen Nachkommen haben können, den Segen erleben dürfen, geistliche Nachkommen zu bekommen. Wie Piper weiter sagt: „Christliche Singles haben keinerlei Nachteil, wenn es darum geht, geistliche Kinder zu bekommen, eher einen großen Vorteil."[34] Deswegen nennt Paulus Titus und andere seine Kinder.

Jesaja zeigt uns einen weiteren Unterschied zwischen leiblichen und geistlichen Nachkommen:

Juble, du Unfruchtbare, die nicht geboren,
brich in Jubel aus und jauchze,
die keine Wehen gehabt hat!
Denn die Söhne der Einsamen
sind zahlreicher als die Söhne der Verheirateten,
spricht der HERR. (Jes 54,1)

Die unfruchtbare Frau wird sich nicht nur darüber freuen, überhaupt Kinder haben zu können, sondern diese Kinder sind sogar „zahlreicher", als es leibliche sein könnten. Das bezieht sich nicht nur auf die bloße Zahl der Kinder, deren Eltern wir in Christus sein können (wie Paulus), sondern auch auf das Ausmaß des Erbes, das solche geistlichen Eltern hervorbringen. Barry Danylak folgert:

> *Wie bei der unfruchtbaren Frau in Jesaja war das Erbe des Paulus größer als das eines leiblichen Vaters, denn Paulus' Nachkommen waren jene, die er durch Christus gezeugt hatte und die durch die grenzenlose Kraft des Evangeliums ein ewiges Erbe im Himmel erwartet.*[35]

Man sagt, dass Blut dicker als Wasser ist. Doch das Blut Jesu ist noch dicker. Ein ewiges Erbe ist weitaus besser als ein zeitliches.

Das eröffnet allen christlichen Singles die Möglichkeit, Eltern zu werden. Unabhängig von unserem Familienstand können wir daran beteiligt sein, geistliche Nachkommen des Evangeliums zu zeugen. Deswegen kann John Piper sagen:

> *Paulus war ein großartiger Vater, obwohl er nicht verheiratet war. Und findet er in 1. Thessalonicher 2,7 nicht wunderbare Worte über unverheiratete christliche Frauen, wenn er sagt: „Wir waren sanft zu euch, wie eine stillende Mutter ihre Kinder pflegt"? So wird man auch von vielen gläubigen Singlefrauen sagen: „Sie war eine großartige Mutter, obwohl sie nie verheiratet war."*[36]

Ein wunderbares Beispiel davon sehen wir in C. S. Lewis' klassischer Geschichte „Die große Scheidung". Der Erzähler wird zum Himmel geführt und trifft auf dem Weg einmal auf eine große Prozession. Er sieht je eine Reihe von Jungen und Mädchen, er sieht Musiker, Tänzer, Feiernde und sogar riesige Engel. Und mittendrin erkennt er eine wunderschöne Frau, zu deren Ehre das alles stattfindet. Sie hat, so erklärt der Lehrer, eine große Bedeutung. Auf der Erde hatte man noch nie von dieser Sara Schmidt gehört, die keine eigenen Kinder hatte. Doch im

Himmel gehört sie „zu den Großen“, und die vielen jungen Männer und Frauen neben ihr sind tatsächlich ihre Söhne und Töchter. Der Führer erklärt:

> *Jeder Jüngling oder Knabe, der ihr begegnete, wurde ihr Sohn – auch wenn es nur der Junge war, der das Fleisch an der Küchentür abgab. Jedes Mädchen, das ihr begegnete, wurde ihre Tochter. ... Aber ihre Mutterschaft war nicht von dieser Art. Die mit ihr Beschenkten kehrten zu ihren natürlichen Eltern zurück und liebten sie umso mehr.*[37]

Sara Schmidt hatte auf Erden keine leiblichen Kinder, aber sie war vielen eine geistliche Mutter.

Das größte Beispiel für diese Art geistlicher Elternschaft war natürlich Jesus selbst. Die Autorin Bethany Jenkins schreibt:

> *Als Christin bete ich einen Mann an, der keine leiblichen Kinder hatte. Jesus Christus war nie verheiratet, hatte keine eigenen Kinder, und doch sagte er: „Siehe, ich und die Kinder, die Gott mir gegeben hat“ (Hebr 2,13). Man bedenke, was der Prophet von ihm sagt: „Wenn er sein Leben als Schuldopfer eingesetzt hat, wird er Nachkommen sehen ... Um der Mühsal seiner Seele willen wird er Licht sehen, er wird sich sättigen“ (Jes 53,10-11). Jesus hielt nie einen Sohn oder eine Tochter in seinen Armen, und doch zeugte er viele Kinder – wie mich und vielleicht auch Sie –, die ihm nun ähnlich sind.*[38]

In einer Reihe von Tweets kam Matthew Lee Anderson vor einiger Zeit zu dem Schluss, dass die Gemeinde das gesamte Konzept von Elternschaft in einem größeren Rahmen denken müsse:

Innerhalb der christlichen Gemeinde ... ist Elternschaft eine Berufung, die jedem offensteht, auch den Singles und Kinderlosen. Im Rahmen der Gemeinde können so Mutter- und Vaterliebe in ihrer tiefsten Ausprägung entwickelt werden – das heißt, auf das Reich Gottes bezogen werden. Wenn das stimmt, dann gibt es zwar Aspekte des Elternseins, die Singles und Kinderlosen verwehrt bleiben. Es ist jedoch kein Bereich, der ihnen grundsätzlich verschlossen bliebe.[39]

Das hilft uns, einen Vorwurf in Bezug auf das Single-Sein zu entkräften, der manchmal in Gemeinden geäußert wird, dass nämlich dadurch der Auftrag vernachlässigt würde, den die Menschheit zu Beginn der Bibel erhielt.

Im biblischen Schöpfungsbericht erteilt Gott den Menschen sofort nach ihrer Erschaffung den Auftrag, für den er sie geschaffen hat:

Und Gott segnete sie, und Gott sprach zu ihnen: Seid fruchtbar und vermehrt euch, und füllt die Erde, und macht sie euch untertan; und herrscht über die Fische des Meeres und über die Vögel des Himmels und über alle Tiere, die sich auf der Erde regen! (1Mo 1,28)

Diese gerade geschaffenen Ebenbilder erhielten klare Anweisungen in Bezug auf ihr Zuhause. Sie sollten es sich untertan machen, was nach 1. Mose 2,15 bedeutet, das Land „zu bebauen und ... zu bewahren“ – es zu kultivieren und zu erhalten. Und sie sollten es füllen: „Vermehrt euch, und füllt die Erde.“ Diese Ebenbilder Gottes sollten die Erde mit seinem Bildnis bevölkern. Die ganze Erde braucht Menschen. Die Erde ist groß, und zu diesem Zeitpunkt gab es nur zwei Menschen. Da mussten sie sich ziemlich oft vermehren.

Man nennt das oft den „Schöpfungsauftrag" – die Verantwortung der Menschheit für die Welt, in die sie gestellt wurde. Es ist unsere allgemeine Berufung von Gott. Dafür wurden wir erschaffen. Wir alle. Eine große Verantwortung. Kein Wunder, dass uns sinnvolle Arbeit (ob bezahlt oder unbezahlt) und die Gründung einer eigenen Familie instinktiv so viel bedeuten. Wir alle sollen die Ärmel hochkrempeln und unser Möglichstes tun, um zum fortwährenden Gedeihen unserer Spezies beizutragen.

Insofern kann das Single-Sein gewissermaßen als Hindernis wahrgenommen werden. Diejenigen von uns, die immer alleinstehend bleiben werden, haben keinen Anteil an diesem Schöpfungsauftrag, zu dem Gott uns berufen hat. Ich werde wohl für immer unverheiratet und kinderlos bleiben. Mein kleiner Zweig des Familienstammbaums wird durch mich nicht fortgeführt. Genealogisch gesehen bin ich eine Sackgasse. Eine genetische Stichstraße. Ich werde zu keinen weiteren Allberrys in der Welt beitragen.

Kein Wunder, dass wir Singles daher leicht in den Ruf kommen, wir würden, geistlich gesprochen, keinen Beitrag leisten. Allein das Konzept des Single-Daseins sei eine Bedrohung für den bestehenden Schöpfungsauftrag. Auch wenn manche Menschen unfreiwillig alleinstehend sind, sollten wir alles daransetzen, die Zahl von uns so klein wie möglich zu halten, und das Single-Sein nicht auch noch gutheißen.

Aber obwohl es zweifellos wahr ist, dass ich nicht direkt dazu beitrage, die Erde zu bevölkern, ist das doch noch nicht die ganze Geschichte. Es gibt auch weniger direkte Wege, in denen wir Singles zur Erfüllung des Schöpfungsauftrags beitragen können.

Sich zu vermehren und die Erde zu bevölkern meint mehr als nur Fortpflanzung. Viele Paare, die keine eigenen Kinder haben können, adoptieren welche. Viele, die nie Kinder haben (ob leibliche oder adoptierte), spielen aber dennoch eine wichtige Rolle in der Erziehung und Fürsorge für andere. Ich trage zwar nicht direkt zum Bevölkerungswachstum bei, doch durch meine Freundschaft und meine Anteilnahme an ihrem Leben trage ich wesentlich zum Wachstum der Familien meiner Freunde bei (so wie sie wesentlich zu meinem Wachstum beitragen). Immer wenn wir uns positiv in das Leben anderer einbringen, tragen wir eindeutig zur Erfüllung des Schöpfungsauftrags bei. Kinder müssen nicht nur geboren, sondern auch aufgezogen, unterrichtet und versorgt werden. In den meisten Fällen bedarf es dazu mehr als nur der Eltern. Wir Singles erhöhen zwar vielleicht nicht die Anzahl der Menschen da draußen, hoffentlich aber die Lebensqualität der Menschen, die die Erde bevölkern.

Natürlich geht es dabei nicht nur um Kinder. Wir kümmern uns unser ganzes Leben lang umeinander und fördern uns gegenseitig. Auch das ist Teil des Prozesses, die Erde „zu füllen".

In all dem steckt aber noch ein weiteres Element. Wir müssen den Schöpfungsauftrag auch im Licht des Missionsbefehls sehen. Der Auftrag, den wir bei der Schöpfung erhielten, ist nun durch den Sündenfall gewissermaßen unvollständig. Die Menschheit rebelliert gegen den Schöpfer, und die Welt steht deswegen unter einem Fluch. 1. Mose ruft die Menschheit dazu auf, sich zu vermehren, doch Jesus ruft seine neuen Menschen dazu auf, Jünger zu machen (Mt 28,19-20). Damit die Erde mit dem Bildnis Gottes erfüllt wird, müssen die Menschen in eine Beziehung mit demjenigen gebracht werden, der das perfekte Ebenbild Gottes ist – Jesus Christus –, und ihm immer ähnlicher werden. Wir können den Zweck des ursprünglichen Schöpfungsauftrags nicht erfüllen, ohne Menschen mit dem Evangelium zu erreichen und sie in Christus aufzuerbauen. Darin erreicht der Auftrag aus 1. Mose seine ultimative Erfüllung, und wie wir gesehen haben, spielen Singles darin eine bedeutende und eigenständige Rolle, wenn sie sich in das Leben der Familie Gottes investieren und durch das Werk des Evangeliums geistliche Nachkommen zeugen, die als wahre Söhne und Töchter im Glauben beschrieben werden können, so wie es Titus für Paulus war.

5
Single-Sein ist ein Hindernis für den Dienst

Gestern hat mir jemand das Krocketspielen beigebracht. Für den Fall, dass Sie mit diesem Spiel nicht vertraut sind: Man schlägt dabei mit einem hammerförmigen Holzschläger Holzbälle durch kleine Tore. Es ist ein durch und durch britisches Spiel. Man braucht einen schönen Rasen mit Leuten darauf, die nichts tun, außer ab und an mal einen Ball irgendwohin zu schlagen. Man erwartet fast, dass die Spieler sich über die britischen Kolonien unterhalten, während ein Diener aus *Downton Abbey* den Nachmittagstee serviert.

Doch hinter dieser vornehmen Fassade steckt eine ausgeklügelte Taktik. Gestern spielten wir als zwei Teams gegeneinander. Ich hatte meinen Ball grade so kräftig wie möglich in Richtung des Tores geschlagen, doch offensichtlich ist das nicht alles. Bei Weitem nicht. An einem Punkt machte mein Teamkollege eine Pause und ermahnte mich: „Wenn du *schnell* gehen willst, geh alleine. Wenn du *weit* kommen willst, geh gemeinsam." Offensichtlich hatte ich mein Team ignoriert.

Er behauptete, es handle sich dabei um ein chinesisches Sprichwort, doch laut meinen aktuellen Recherchen (heute Nachmittag bei Google) sagt Al Gore*, es stamme aus Afrika. Doch in

---

* Unter Präsident Bill Clinton der 45. Vizepräsident der USA. (Anm. d. Übers.)

einer Folge der Fernsehserie *30 Rock* meinte er, er habe das nur erfunden. Wie auch immer, es ist genau die Art von Slogan, die man in Teamwork-Seminaren für Unternehmen zu hören bekommt, zwischen Slogans wie: „Gemeinsam sind wir stark!" und „Einer für alle, alle für einen!"

Doch diese Denkweise steckt auch hinter vielen Ansichten über Alleinstehende und den Gemeindedienst.

Müssen Pastoren oder Älteste verheiratet sein?

Es ist Fakt, dass es in Pastoren- oder Ältestenkreisen nur wenige Unverheiratete gibt, was auch auf das eben Gesagte zurückzuführen ist. *Wenn du schnell gehen willst, geh alleine. Wenn du weit kommen willst, geh gemeinsam.* Das ist in vielerlei Hinsicht absolut verständlich. In der Bibel lesen wir von der Erwartung, dass Gemeindeälteste bzw. Pastoren verheiratet sind. Paulus beschreibt die Anforderungen an sie wie folgt:

> *Der Aufseher nun muss untadelig sein, Mann einer Frau, nüchtern, besonnen, anständig, gastfrei, lehrfähig, kein Trinker, kein Schläger, sondern milde, nicht streitsüchtig, nicht geldliebend, der dem eigenen Haus gut vorsteht und die Kinder mit aller Ehrbarkeit in Unterordnung hält – wenn aber jemand dem eigenen Haus nicht vorzustehen weiß, wie wird er für die Gemeinde Gottes sorgen? (1Tim 3,2-5)*

Ein Pastor oder Gemeindeältester muss die entsprechende Gabe haben (er muss lehren können) und einen angemessenen

Charakter, damit er das Evangelium nicht in Misskredit bringt. Doch neben diesen beiden Vorgaben sagt Paulus auch noch, dass er „Mann einer Frau“ sein muss.

Der Abschnitt liefert auch gleich eine Begründung dafür. Die Gemeinde ist, wie eine Familie, ein Haushalt. Die Erfolgsbilanz eines Ältesten oder Pastors in Bezug auf seinen eigenen Haushalt lässt Rückschlüsse auf seine Fähigkeit zu, die örtliche Gemeinde zu leiten. Beides ist so vergleichbar, dass, wenn jemand bei Ersterem versagt, er aller Wahrscheinlichkeit auch mit Letzterem nicht zurechtkommt. Der Druck und die Belastung durch die Dynamik und die Disziplin des Familienlebens sind ein guter Prüfstein dafür, wie jemand damit zurechtkommt, im Rahmen des pastoralen Dienstes dem Haushalt der Gemeinde vorzustehen.

Eine ähnliche Begründung finden wir im Brief von Paulus an Titus:

> *Wenn jemand untadelig ist, Mann einer Frau, gläubige Kinder hat, die nicht eines ausschweifenden Lebens beschuldigt oder aufsässig sind. Denn der Aufseher muss untadelig sein als Gottes Verwalter, nicht eigenmächtig, nicht jähzornig, nicht dem Wein ergeben, nicht ein Schläger, nicht schändlichem Gewinn nachgehend, sondern gastfrei, das Gute liebend, besonnen, gerecht, heilig, enthaltsam, der an dem der Lehre gemäßen zuverlässigen Wort festhält, damit er fähig ist, sowohl mit der gesunden Lehre zu ermahnen als auch die Widersprechenden zu überführen. (Tit 1,6-9)*

Wieder geht Paulus hier davon aus, dass ein Pastor oder Ältester („Aufseher“) verheiratet ist. Er muss der Mann einer Frau sein, und sein Familienleben muss die Glaubwürdigkeit seines

Dienstes unterstützen. Doch darüber hinaus gibt es noch weitere Gründe, warum es zu jedermanns Vorteil ist, wenn ein Gemeindeältester auch ein treuer Ehemann ist.

Ein Freund von mir hatte eine Leitungsaufgabe in einem christlichen Werk übernommen, und es war von Anfang an klar, dass ihn einige große Herausforderungen erwarten würden, sowohl bei der Leitung des Teams als auch beim Entwickeln einer geeigneten Vision für das gesamte Werk. Ich erinnere mich an ein Gespräch, als er diesen Dienst schon einige Monate lang verrichtet hatte, in dem er sagte, wie sehr ihm seine Ehe dabei geholfen habe, mit einigen dieser Herausforderungen klarzukommen. Er habe, so sagte er, aufgrund seiner Ehe viel mehr emotionale Kapazitäten. Er könne mehr ertragen, als wenn er allein wäre. Die emotionale Unterstützung seiner Frau und ihr Schutz befähigten ihn dazu, mit Herausforderungen umzugehen, die er als alleinstehender Mann wohl nicht bewältigt hätte. Wenn du schnell gehen willst, geh alleine. Wenn du weit kommen willst, geh gemeinsam. Viele können Ähnliches bezeugen.

Pastor Al Mohler erläutert, welchen Unterschied seine Ehe für seinen Start in den Pastorendienst gemacht hat:

> *Ich wurde noch während meiner Verlobungszeit als Pastor in eine kleine ländliche Gemeinde berufen. Diese liebenswerte Gemeinde ging ein Risiko ein, indem sie einen jungen Studenten frisch vom theologischen Seminar einstellte, der darauf brannte zu heiraten und den Tag kaum erwarten konnte. Ich kann bezeugen, dass sich mein Dienst in dem Moment veränderte, als ich zusammen mit meiner Frau Mary zurückkehrte. Meine Beziehungen zu Gemeindemitgliedern beiderlei Geschlechts gestalteten sich viel natürlicher*

und umfassten verheiratete Paare allen Alters. Als wir später Kinder bekamen, vertiefte und erweiterte sich mein Dienst.[40]

Wer verheiratet ist und Kinder hat, kann sich leichter mit den Familien seiner Gemeinde identifizieren. Kein Wunder, dass viele Gemeinden auf der Suche nach neuen Pastoren oder Ältesten jemanden mit Familie haben wollen. In meiner eigenen Gemeinde ist die große Mehrheit der Mitglieder verheiratet und hat Kinder. Es ist ein sehr großer Anteil von Menschen, bei denen man als Pastor oder Ältester nicht Gefahr laufen will, sich nicht mit ihnen identifizieren zu können.

Ehrlicherweise muss man aber sagen, dass es auch weniger gottgemäße Gründe gibt, warum Gemeinden keine alleinstehenden Pastoren wollen. Manche sorgen sich, dass mit einem unverheirateten Pastor oder Ältesten etwas nicht stimmen könne oder dass er irgendwie seltsam sein müsse. Offen gestanden gehen viele Gemeinden auch davon aus, dass sie mit einem verheirateten Pastor eine zweite Mitarbeiterin gratis dazubekommen.

Die meisten Gemeinden schreiben in ihre Stellenausschreibung für Pastoren nicht, dass sich Alleinstehende nicht bewerben sollen, doch es ist leicht erkennbar, warum es für alleinstehende Pastoren schwerer ist, eine Stelle zu finden. Einer sagte mir über seine Suche nach einer Pastorenstelle: „Sobald ich sage, dass ich alleinstehend bin und nie verheiratet war, höre ich nie wieder von ihnen."[41] Viele andere könnten das Gleiche berichten.

Doch wir dürfen Alleinstehende für das Amt des Pastors oder Ältesten nicht vorschnell verwerfen, selbst wenn die Herde vornehmlich aus Verheirateten besteht. In den oben zitierten Versen aus 1. Timotheus 3,2-5 und Titus 1,6-9 betont Paulus eheliche

Treue, ohne dabei Unverheiratete auszuschließen. Er geht stillschweigend davon aus, dass diejenigen verheiratet *sind* – und dann sollen sie auch eine gute Ehe führen. Er schreibt ihnen nicht vor, dass sie verheiratet sein *müssen*.

Wenn wir diese Schriftstellen als reine Vorschrift verstehen, dann müssen wir anerkennen, dass sie noch viel mehr vorschreiben als bloß die Ehe. Immerhin sprechen beide Abschnitte davon, dass die Aufseher ihre Kinder gut erziehen sollen. Wenn wir also konsequent sein wollen, müssten wir nicht nur unverheiratete Pastoren ablehnen, sondern auch solche, die zwar verheiratet sind, aber keine Kinder haben. Und da Paulus streng genommen bei beiden Stellen von Kindern im Plural redet, müssten wir auch Pastoren ausschließen, die nur ein Kind haben. Wenn wir diese Stellen also als biblische Begründung ansehen, alleinstehende Pastoren oder Älteste abzulehnen, dann müssen wir auch solche ablehnen, die zwar verheiratet sind, aber weniger als zwei Kinder haben. Außerdem (vermutlich) Pastoren, die verwitwet sind und daher nicht länger eine Frau haben, mit der sie verheiratet sind.

Können alleinstehende Pastoren oder Älteste Verheirateten dienen?

Es ist auch nicht zwingend so, dass Singles keine Hilfe für Nichtsingles sein können. Wie gesagt besteht meine Gemeinde vornehmlich aus Verheirateten mit Kindern. Als ich meinen Dienst als einer von drei Pastoren antrat, war mir das sehr bewusst, und ich fragte mich, ob das die Leute daran hindern würde, meinen Dienst anzunehmen. Doch ich stellte fest, dass mein Single-Sein in vielen Situationen sogar *hilfreich* war.

Als Engländer, der auch häufig zu Diensten in den USA ist, habe ich bemerkt, dass ich dort oft als Ausländer als neutral wahrgenommen werde, wenn es um interne Konflikte in diesem Teil der christlichen Welt geht. Man geht nicht davon aus, dass ich einem bestimmten Netzwerk oder einem bestimmten Gemeindeverband angehöre, und so kann ich mich viel freier zwischen ihnen bewegen, als das sonst der Fall wäre. Die räumliche Distanz, die ich zurückgelegt habe, bewirkt eine gewisse Offenheit für meinen Dienst. Es ist nicht so, als hätte ich keine eigene Meinung zu vielen der Themen, über die sich diese Gruppen uneinig sind, aber da ich von „außen" in diese Diskussionen trete, verschafft mir das eine gewisse Neutralität.

Ähnliches habe ich festgestellt, wenn es um den Dienst an Menschen mit Familien geht. Ich erinnere mich daran, wie ich mich mit einem Paar aus der Gemeinde traf, das gerade sein erstes Kind bekommen hatte. Ich fragte die beiden, wie es ihnen ginge, und da ich schon viel Zeit mit frischgebackenen Eltern verbracht habe, wusste ich, dass eine große Herausforderung darin besteht, genug Schlaf zu bekommen. Insofern war ich überrascht, was sie mir zum Thema Schlaf sagten: „Mit *dir* können wir ja darüber sprechen, aber nicht mit den anderen Eltern hier."

Es war nämlich so, dass sie durchaus viel Schlaf bekamen. Irgendwie (und sie hatten keine Erklärung dafür) schlief ihr Baby fast jede Nacht durch. Doch sie sagten mir, dass solche Dinge bei anderen Eltern in der Gemeinde nicht gut ankämen.

Dadurch wurde mir zum ersten Mal bewusst, dass Menschen vielleicht eher mit einem Alleinstehenden über ihre Erfahrungen mit Ehe und Elternschaft reden. Manchmal liegt ihnen ein Thema auf dem Herzen, das unter Eltern kontrovers diskutiert wird. Ich lernte schnell, dass unter Eltern jede Menge Uneinigkeit herrscht:

welche Routine man für das Baby entwickeln soll; ob man dieser oder jener Philosophie der frühkindlichen Erziehung folgt; wann, ob und wie eine Mutter wieder arbeiten geht; welche Schulform angemessen für ein Kind ist. Unterschiedliche Meinungen zu verschiedenen Schulformen bewirken schnell Spannung. Und in vielen Diskussionen rund um das Eltern-Sein nehmen Menschen das persönlich. Wenn jemand anderer Meinung ist, entsteht schnell der Eindruck, man würde die anderen für schlechtere Eltern halten. In einer Kultur, die die Selbstgenügsamkeit der einzelnen Familie so hochhält und daher quasi Allkompetenz beansprucht, ist das ein Vorwurf, den sich niemand gefallen lassen möchte.

Es ist nicht so, als ob ich keine Meinung zu diesen Themen hätte, doch als Single erwecke ich nicht den *Anschein*, und schon gar nicht in dem Ausmaß, dass ich aufgrund meiner eigenen leiblichen Nachkommen zu einer bestimmten Richtung tendieren würde. Manchmal ist es besser, kein Elternteil zu sein, als ein Elternteil, mit dem andere Eltern nicht übereinstimmen.

In anderen Situationen haben manche Leute das Bedürfnis, über Probleme und Misserfolge in ihrem Familienleben zu sprechen. Weil viele der Vorstellung anhängen, man müsse „glücklich bis ans Lebensende“ sein, und wegen der vorherrschenden Sichten unserer selbstgenügsamen Kultur, sind vielen Menschen ihre Probleme zu Hause peinlich. „Die Ehe soll doch die Lösung für meine Probleme sein“, denken sie, „wenn ich also mit etwas zu kämpfen habe, dann mache ich es vielleicht nicht richtig?“ Ein Ehepaar gab zu, dass es ihnen leichter fiel, mit mir über ihre Ehe zu sprechen, weil sie befürchteten, andere Ehepaare könnten sie mit ihrer eigenen Ehe vergleichen und verurteilen.

Für einen Single kann es also einfacher sein, von der Kanzel über einige Aspekte des Familienlebens zu sprechen. Einer meiner verheirateten Pastorenkollegen sagte einmal, dass sich die Gemeindemitglieder, sobald er über die Herausforderungen in einer Ehe spricht, fragen, ob er wohl Probleme in seiner eigenen Ehe habe. Auch wenn es gut ist, aus eigener Erfahrung sprechen zu können, gehen manche Leute davon aus, dass es sich *zwingend* um eigene Erfahrungen handelt, selbst wenn man nur allgemeine Beobachtungen aus der Bibel weitergibt.

Das führt zu einem Punkt, der oft übersehen wird. Das Wichtigste im Dienst an Verheirateten und Eltern ist nicht die persönliche Erfahrung, sondern die Treue zur Heiligen Schrift. Letztendlich braucht die Gemeinde nicht so sehr die Weisheit, die ein Pastor oder Ältester im Laufe der Jahre als Ehemann oder Vater gesammelt hat, sondern die Weisheit *Gottes,* die in seinem Wort offenbart ist. Umgekehrt können Alleinstehende natürlich leicht den gleichen Fehler begehen – sie empfinden es als zynisch, wenn sich ein verheirateter Pastor oder Ältester dazu herablässt, über das Single-Sein zu sprechen (auch wenn jeder von ihnen bis zu einem bestimmten Zeitpunkt einmal single gewesen ist).

Wenn jemand meint, es sei lächerlich, wenn ich über Abschnitte predige, die sich an Eheleute oder Eltern richten, dann geht er davon aus, dass menschliche Erfahrung mehr zählt als göttliche Weisheit. Man wünscht sich zu diesen Stellen eine Predigt von einem Verheirateten, übersieht jedoch dabei, dass genau diese Stellen in den meisten Fällen von einem Apostel geschrieben wurden, der selbst alleinstehend war. Ich hege den Verdacht, dass viele Gemeinden Paulus zwar als Apostel schätzen, ihn aber nie als Pastor oder Ältesten berufen hätten.

In Gemeinden mit mehr als einem lehrenden Pastor oder Ältesten kann es von Vorteil sein, wenn mindestens einer von ihnen alleinstehend ist. Wenn wir in Gemeinden fast ausschließlich

Verheiratete als Vorbilder für das Leben als Christ haben, kann das zu der Vorstellung führen, der Ehestand sei eine notwendige Begleiterscheinung christlicher Reife. Es ist gut für die Gemeindemitglieder, wenn sie sowohl Vorbilder für evangeliumsgemäßes Single-Sein als auch für evangeliumsgemäße Ehen vor Augen haben. Dadurch wird das deutlich gemacht, was Paulus über die Ehe und über das Single-Sein sagte: dass beides wertvolle Geschenke Gottes sind.

Ist Single-Sein im Dienst sogar ein Vorteil?

Dass Pastoren und Ältesten alleinstehend sind, verbietet die Schrift also nicht. Und das Single-Sein behindert auch einen wirksamen Dienst am Evangelium nicht, selbst in einem Kontext, in dem die meisten Leute verheiratet sind. Doch es gibt noch einen weiteren Grund, weshalb das Single-Sein im Dienst von Vorteil sein kann. In 1. Korinther, wo es um Ehe und Single-Sein geht, behandelt Paulus das ausführlich:

> *Ich will aber, dass ihr ohne Sorge seid. Der Unverheiratete ist für die Sache des Herrn besorgt, wie er dem Herrn gefallen möge; der Verheiratete aber ist um die Dinge der Welt besorgt, wie er der Frau gefallen möge, und so ist er geteilt. Die unverheiratete Frau und die Jungfrau ist für die Sache des Herrn besorgt, damit sie heilig ist an Leib und Geist; die Verheiratete aber ist für die Sache der Welt besorgt, wie sie dem Mann gefallen möge. Dies aber sage ich zu eurem eigenen Nutzen, nicht, um euch eine Schlinge überzuwerfen, sondern*

damit ihr ehrbar und beständig ohne Ablenkung beim Herrn bleibt. (1Kor 7,32-35)

Paulus und seine Leser zogen hier offensichtlich eine Parallele dazu, wie die Eunuchen in der Antike ihren Dienst verrichteten. Könige schätzten Eunuchen als Diener sehr, denn sie hatten keine Erben. Sie waren nicht in der Lage, eine Dynastie aufzubauen, die dem König Konkurrenz machen konnte. Doch da war noch mehr, wie Barry Danylak schreibt:

Der Eunuch war auch ein Modell des hingegebenen Dieners, da er nicht von Ehe und Familie abgelenkt wurde. Keine persönlichen Familienangelegenheiten wetteiferten um seine Treue. Er konnte sich eine vollkommene, uneingeschränkte Loyalität dem König und dessen Angelegenheiten gegenüber leisten.[42]

Danylak stellt sich dann die Frage, ob Jesus die Eunuchen (= Verschnittenen, siehe Mt 19,12) hervorhebt, weil „die historische Figur des Eunuchen ein *beispielhaftes* Modell dafür ist, wie ungeteilte Loyalität dem König gegenüber in der Antike aussah“[43].

Vor diesem Hintergrund kann Paulus schreiben, dass der Unverheiratete „für die Sache des Herrn besorgt“ ist. Was genau diese „Sache des Herrn“ ist, definiert Paulus als „wie er dem Herrn gefallen möge“. Ein Alleinstehender kann sich dem Werk für das Reich Gottes auf eine Weise hingeben, die unbelastet ist von den Themen, die einen Verheirateten beschäftigen sollten. Wie das konkret aussieht, variiert natürlich von Person zu Person. Vieles davon ist abhängig von den Fähigkeiten und Gelegenheiten, die Gott uns schenkt.

Ich persönlich habe die Erfahrung gemacht, dass mein Single-Sein mir einen Dienst für Christus ermöglicht hat, wie ich ihn als Verheirateter nicht hätte ausüben können. Ich kann leichter von zu Hause fort; ich muss mir keine Gedanken darüber machen, was meine Abwesenheit für meine Frau und meine Kinder bedeutet. Daher konnte ich meinen Dienst in einem weiteren Umfeld und für längere Perioden versehen als jemand, der verheiratet ist. Wenn ich zu Hause bin, kann ich meiner Gemeinde mehr zur Verfügung stehen. Es ist leichter, alles spontan stehen und liegen zu lassen, wenn es ein akutes Problem gibt oder jemand besucht werden muss. Ich kann mir einige meiner Wochenenden und Abende viel freier einteilen.

Aus logistischer Sicht ist Flexibilität für einen Single einfacher als für einen Verheirateten. Der Versuch, eine junge Familie aus dem Haus zu bekommen, ist ein fast tagfüllendes Ereignis. Es dauert, bis alle Dinge für alle erdenklichen Eventualitäten eingepackt sind und das letzte Kind endlich Schuhe und Mantel angezogen hat. Dann muss jemand auf Toilette, und sobald das erledigt ist, muss der Nächste. In der Zeit, die es braucht, um eine Schar Kleinkinder von der einen Seite der Tür auf die andere zu bekommen, habe ich befreundete Eltern körperlich altern sehen. Eine Familie zu manövrieren ist wie der Versuch, einen Sattelschlepper zu wenden.

Im Gegensatz dazu können einige von uns Singles von jetzt auf gleich irgendwo aufkreuzen. Vor einiger Zeit fiel mir am Hochzeitstag eines Freundes plötzlich auf, dass ich die Zeit vergessen und nur noch zehn Minuten hatte, um mich fertig zu machen und das Haus zu verlassen. Die einzige Herausforderung bestand darin zu entscheiden, was ich mit den verbleibenden vier Minuten machen sollte, als ich so weit war. Manchmal können wir

Singles nicht nur flexibler sein als unsere verheirateten Freunde, sondern auch schneller reagieren.

Doch natürlich lauert hier auch eine Gefahr. Diese Art von Freiheit, gepaart mit Enthusiasmus für einen Dienst und viel Energie, kann dazu führen, dass wir nicht ausreichend Zeit in Freundschaften und die Gemeinschaft investieren. Ich kenne viele Singles im vollzeitlichen Dienst, die Probleme damit haben. Gemeindeveranstaltungen finden typischerweise während der Woche abends oder am Wochenende statt, und das schränkt die Gelegenheiten ein, normale Freundschaften außerhalb der Gemeinde zu pflegen und aufzubauen. Wenn Singles allein leben, dann steht ihnen nicht automatisch eine soziale Struktur zur Verfügung wie bei jemandem mit einer eigenen Familie. Ein schnelles Essen mit jemandem, bevor man zu einem Abendtermin aufbricht, oder auch nur ein kurzes Treffen muss im Vorhinein geplant und arrangiert werden. Wenn wir nicht vorausplanen, dann geschieht es schnell, dass ein freier Tag heranrückt und wir auf einmal nichts zu tun haben. Dann ist es jedoch zu spät, jemanden zu finden, mit dem man Pläne machen könnte.

Für die Introvertierten unter uns kann das sogar noch schwerer sein. Wenn wir uns während der Woche intensiv mit anderen beschäftigt haben, dann fühlen wir uns an einem freien Tag möglicherweise beziehungsmäßig ausgelaugt, sodass wir ihn lieber dazu nutzen, um für uns allein aufzutanken. Wenn das zur Gewohnheit wird, dann kann sich der Mangel an tiefen Freundschaften und Gemeinschaft zu einer Krise ausweiten. Das müssen Gemeinden im Blick behalten, sodass sich Singles im Gemeindedienst jede Woche genügend Zeit *und* ausreichend Energie für Beziehungen freihalten können, um Freundschaften zu pflegen.

Wer als Single allein lebt, hat außerdem oft nur an freien Tagen die Möglichkeiten, die Hausarbeit zu erledigen. Waschen, Putzen, Einkaufen und Reparaturen – all das braucht seine Zeit, wie jeder weiß. Viele im vollzeitlichen Dienst haben einen Ehepartner zur Hilfe, eine Ehefrau, die vielleicht nicht arbeitet und freundlicherweise viel von dieser edlen, Gott ehrenden Arbeit übernimmt. Alleinstehende Pastoren brauchen entsprechend mehr freie Zeit, um solche Arbeiten zu erledigen. Manche Gemeinden gewähren alleinstehenden Vollzeitlern in ihrem Team genau aus diesem Grund einen zusätzlichen freien halben Tag. Sonst besteht die Gefahr, dass Gemeinden Nutzen aus der größeren Flexibilität der Singles ziehen, ohne sie in diesen anderen Bereichen zu unterstützen. Die Hilfe der Gemeindefamilie für ihre alleinstehenden Mitarbeiter muss über die reine Entlohnung hinausgehen.

Alles in allem ist ein Single nicht per se besser für den Gemeindedienst geeignet. Es ist nicht besser, alleinstehend als verheiratet zu sein, so wie verheiratet zu sein nicht besser ist, als single zu sein. Gott ist so viel weiser als wir. Jemand wie, sagen wir mal, Tim Keller wäre nie so intensiv von Gott gebraucht worden, wäre er nicht mit Kathy verheiratet, die ihn unterstützt, korrigiert und erdet. Und jemand wie, sagen wir mal, John Stott wäre nicht so intensiv von Gott gebraucht worden, wäre er nicht alleinstehend gewesen und hätte sich dadurch so hingegeben um viele Menschen an vielen Orten kümmern können. So wie die Ehe an sich nicht zum Dienst am Evangelium qualifiziert, so ist das Single-Sein an sich auch kein Hindernis.

6
Single-Sein ist eine Verschwendung der Sexualität

Ein Freund von mir hat einen interessanten Löffel. (Nur Geduld!) Er ist etwas größer als ein Teelöffel und hat in der Mitte ein großes Loch, sodass er ungeeignet ist, die Art von Substanzen zu halten – oder gar zu transportieren –, für die man einen Löffel gemeinhin benutzt. Mein Freund hat keine Ahnung, woher er stammt. Aus Spaß lässt er ihn in der Zuckerdose und wartet auf ahnungslose Besucher, die versuchen, etwas Produktives damit anzufangen. Manche bemühen sich still (und erfolglos), weil sie kein Aufhebens machen wollen und davon ausgehen, dass der Fehler irgendwie bei ihnen liegen muss. Andere weisen sofort darauf hin, wie sinnlos dieser Löffel ist, und bestehen auf einem Gegenstand, der für diese Aufgabe besser geeignet ist.

Doch dieser Löffel ist, wie mein Freund kürzlich herausfand, ein Olivenlöffel. Er *soll* so sein. Das Loch in der Mitte dient dazu, dass die Flüssigkeit ablaufen kann, während man die Olive zum Mund führt. Man versteht nicht, warum der Löffel so ist, *wie* er ist, solange man nicht weiß, *wofür* er gedacht ist. Das gilt für den Olivenlöffel meines Freundes genauso wie für unsere Sexualität.

Es versteht sich von selbst: Wir alle sind sexuelle Wesen, und unsere Sexualität muss eine Bedeutung haben. Ich habe noch niemanden getroffen, der diesen beiden grundlegenden Aussagen widersprechen würde. Doch solange wir nicht verstehen, wofür unsere Sexualität da ist, begreifen wir auch nicht, wie wir mit ihr umgehen sollen. Im besten Fall versuchen wir – wie mein Freund mit seinem Löffel –, uns vorübergehend mit ihr zu amüsieren. Doch die Bibel weist uns darauf hin, warum wir sexuelle Wesen sind.

Wozu Gott uns unsere Sexualität gegeben hat

1. Mose beginnt mit dem berühmten Bericht, wie Gott die Welt erschaffen hat. Das Ausmaß ist beeindruckend und kosmisch. Wir sehen hier den Anfang von so ziemlich allem. Die Materie wird erschaffen, geformt, geordnet und strukturiert. Das Leben in seiner atemberaubenden Vielfalt wird in die Welt ausgegossen. Doch bereits hier, in so einer üppigen und verschwenderischen Vielfalt, sehen wir Ordnung. Jedes Ding wird nach seiner Art erschaffen (1Mo 1,11-25). Es handelt sich nicht einfach um eine Masse undifferenzierte Materie oder um pauschale Gleichförmigkeit. Es gibt verschiedene *Arten* und innerhalb der Arten Varianten. Gott ist der Meisterdirigent, der alle Teile des Orchesters zusammenbringt und der Symphonie der Schöpfung hinzufügt.

Der Höhepunkt all dieser schöpferischen Aktivität ist der Beginn der Menschheit. Wir gehen gerne davon aus, dass eine Sache immer dann ihren Höhepunkt erreicht, wenn wir auf den Plan treten, doch in diesem Fall können wir diese Schlussfolgerung tatsächlich aus dem Text ziehen. Bis zu diesem Augenblick folgte die Schöpfung einem Rhythmus und einem Muster. Gott sprach mehrfach: „Es werde …“ Es gab Abende und Morgen, „und Gott sah, dass es gut war“. Das ändert sich schlagartig, als die Menschen die Bühne betreten:

> *Und Gott sprach: Lasst uns Menschen machen als unser Bild, uns ähnlich! Sie sollen herrschen über die Fische des Meeres und über die Vögel des Himmels und über das Vieh und über die ganze Erde und über alle kriechenden Tiere, die auf der Erde kriechen! Und Gott schuf den Menschen als sein Bild, als Bild Gottes schuf er ihn; als Mann und Frau schuf er sie. (1Mo 1,26-27)*

Der Unterschied fällt sofort ins Auge: Gott schafft nicht einfach nur etwas, indem er es in die Existenz ruft, sondern es gibt einen Moment der göttlichen Überlegung. Er drückt seine Schaffensabsicht mit anderen Worten aus. Und statt dem wiederholten „Es werde …“ sehen wir nun ein „Lasst uns … machen“. Das ist keine bloße Routine. Jetzt geschieht etwas anderes, und das erfordert spezielle Aufmerksamkeit. Gott scheint sich in diesen Teil der Schöpfung auf besonders persönliche Art einzubringen.

Den Grund dafür erfahren wir sofort. Dieses Geschöpf wird, anders als alles andere in der Schöpfung, Gott auf einzigartige Weise ähneln. Wenn alles, was Gott erschafft, auf gewisse Weise sein Wesen widerspiegelt, dann trifft das auf die Menschheit in ganz besonderem Maße zu. Zum ersten Mal wird etwas erschaffen, was ein Bild Gottes in der Schöpfung darstellt, etwas, was in einzigartiger Weise dem entspricht, wer und wie er ist.

Ein bedeutender Aspekt dieser Ebenbildlichkeit wird im folgenden Abschnitt betont: Gott erschafft die Menschen als Mann und Frau. Der Schöpfungsbericht in 1. Mose ist unter anderem durch verschiedene Paarungen gekennzeichnet. N. T. Wright bezeichnet diese als „Binarität" und schreibt: „Es geht hier darum, dass Gott komplementäre Paare erschafft, dazu gedacht, miteinander zu wirken."[44]

Der Bericht beginnt mit Himmel und Erde und weist uns sofort auf die Tatsache hin, dass die physikalische Welt, die wir sehen und anfassen können, nicht der Ort ist, an dem das eigentliche Geschehen stattfindet. Es gibt etwas jenseits unserer Erde, und die Verbindung des Himmlischen mit dem Irdischen deutet darauf hin, dass es zwischen diesen beiden Sphären eine gewisse Korrespondenz geben soll. Im weiteren Verlauf des Berichts erfahren wir von weiteren Paarungen: Licht und Dunkelheit, Tag und Nacht, Meer und trockenes Land. Alle diese Dinge – das wissen wir aus Erfahrung – beeinflussen einander und ergänzen sich gegenseitig. „Und dann erreicht die Geschichte ihren großen Höhepunkt mit der Schöpfung des Menschen als Ebenbild Gottes: als Mann und Frau."[45] Die Beziehung zwischen diesem letzten Paar, Mann und Frau, gibt uns einen Hinweis darauf, was mit dem ersten Paar, Himmel und Erde, passieren wird. Der Bericht schließt damit, dass Gott am siebten Tag ruht und uns damit zeigt, dass wir zwar der Höhepunkt von Gottes kreativem Schaffen sind, jedoch nicht der Höhepunkt der Schöpfung selbst; der besteht vielmehr in Gottes Ausruhen und seiner Zufriedenheit.

Was als Nächstes geschieht, würde uns überraschen, wenn die meisten von uns nicht so vertraut mit dem Text wären.[46] Nach dem Weitwinkelblick auf die gesamte Schöpfung finden wir uns nun in einem Garten mit einem Mann und einer Frau wieder. Wir kommen vom Allgemeinen zum Besonderen. Adam wird von Gott erschaffen, erhält seinen Auftrag, ist auf sich allein gestellt dafür jedoch ungeeignet und erhält Eva als sein vollkommenes Gegenüber. Sie werden zusammengebracht, und so beginnt die Geschichte der Bibel mit einer Hochzeit:

> *Diese endlich ist Gebein von meinem Gebein*
> *und Fleisch von meinem Fleisch;*
> *diese soll Männin heißen,*
> *denn vom Mann ist sie genommen.*
> *Darum wird ein Mann seinen Vater und seine Mutter verlassen und seiner Frau anhängen, und sie werden zu einem Fleisch werden. (1Mo 2,23-24)*

Die Frage ist: Warum? Vor dem Hintergrund der bisherigen gewaltigen Geschehnisse – warum befinden wir uns nun in einem vergleichsweise winzigen Garten und beobachten, wie ein Mann eine Frau heiratet? Dass die Menschheitsgeschichte in der Bibel genau hiermit beginnt, hat eine große Bedeutung. Was zwischen diesem Mann und dieser Frau passiert, gibt uns einen Einblick in den Plan Gottes für das Universum. Es gibt hier ein Muster. Wie Ray Ortlund es beschreibt: „Nachdem in der ersten Schöpfung am Anfang Himmel und Erde zusammengekommen sind, kommen nun in der ersten Ehe ein Mann und eine Frau zusammen."[47] Die Vereinigung von Mann und Frau in der Ehe weist uns auf die zukünftige Vereinigung von Himmel und Erde in Christus hin. N. T. Wright fasst das schön zusammen:

> *Das Zusammenkommen von Mann und Frau an sich ist wie ein Wegweiser, der auf die großartige Komplementarität der gesamten Schöpfung Gottes hinweist – dass Himmel und Erde zusammengehören.*[48]

Im Laufe des Alten Testaments wird das immer deutlicher. Gott, so stellen wir fest, ist nicht einfach eine moralische Autorität, die sich über uns hinwegsetzt, oder die wie ein Monarch über uns herrscht. Er ist wie ein Bräutigam, der um uns wirbt.

Die Propheten vergleichen Gottes Beziehung zu seinem Volk oft mit der Ehe: Er ist der Bräutigam, das Volk ist seine (oft launische) Braut. Wenn sich die Menschen ungehorsam von ihm abwenden und anderen Göttern dienen, dann begehen sie geistlichen Ehebruch, was einige der drastischsten und schärfsten Passagen der Bibel provoziert.

Als Jesus in den Evangelien die Bühne betritt, spricht er von sich selbst in der dritten Person als dem „Bräutigam“:

> *Und die Jünger des Johannes und die Pharisäer fasteten; und sie kommen und sagen zu ihm: Warum fasten die Jünger des Johannes und die Jünger der Pharisäer, deine Jünger aber fasten nicht? Und Jesus sprach zu ihnen: Können etwa die Hochzeitsgäste fasten, während der Bräutigam bei ihnen ist? Solange sie den Bräutigam bei sich haben, können sie nicht fasten. Es werden aber Tage kommen, da der Bräutigam von ihnen weggenommen sein wird, und dann, an jenem Tag, werden sie fasten. (Mk 2,18-20)*

Jesus ist mit anderen Worten derselbe göttliche Bräutigam, der schon das ganze Alte Testament über um seine Braut geworben hat. Er ist nicht nur als Lehrer gekommen, um den Lehrern seines Volkes klarzumachen, was sie alles über Gott falsch verstanden haben. Er ist nicht nur ein Beispiel für jemanden, der wusste, wie man nach Gottes Vorstellungen lebt und seine Ziele umsetzt. Er ist als Erlöser gekommen, und dies zeigt uns, welche

Art von Erlöser. Er ist als Erlöser nicht damit zufrieden, uns einfach nur aus dem Wasser zu ziehen, um uns wieder aufs trockene Land zu setzen und es dabei zu belassen. Es reicht ihm auch nicht, sein Erlösungswerk auf eine fortwährende, aber flüchtige Bekanntschaft auszuweiten. Als Erlöser will er den Menschen, die er gerettet hat, wie ein *Ehemann* sein.

Das sehen wir im gesamten Neuen Testament. Paulus erinnert seine Leser daran, dass ihre Beziehung zu Jesus Parallelen zur sexuellen Vereinigung von Mann und Frau aufweist:

> *Oder wisst ihr nicht, dass, wer der Hure anhängt, ein Leib mit ihr ist? „Denn es werden", heißt es, „die zwei ein Fleisch sein." Wer aber dem Herrn anhängt, ist ein Geist mit ihm. (1Kor 6,16-17)*

Die Vereinigung zu „einem Fleisch" spiegelt ein wenig von dem Bund wider, den Gläubige mit Christus haben. Im Epheserbrief spricht Paulus über die Ehe und wie Männer und Frauen einander ehren sollen; dann macht er eine abrupte Kehrtwende und sagt, dass er eigentlich über Jesus und die Gemeinde spricht:

> *„Deswegen wird ein Mensch Vater und Mutter verlassen und seiner Frau anhängen, und die zwei werden ein Fleisch sein." Dieses Geheimnis ist groß, ich aber deute es auf Christus und auf die Gemeinde. (Eph 5,31-32)*

Das Geheimnis hinter der menschlichen Ehe ist – und wir haben nun gesehen, dass das immer schon so war – die Beziehung von Christus zur Gemeinde.

Und der absolute Höhepunkt der Bibel ist das Hochzeitsmahl des Lammes mit seiner Gemeinde, gefolgt von einer Vision des Himmels und der Erde, die endlich vereint werden, wenn das neue Jerusalem vom Himmel zur Erde herabkommt „bereitet wie eine für ihren Mann geschmückte Braut" (Offb 21,2). Himmel und Erde sind endlich vereint, und am besten lässt sich das mit Begriffen aus der Ehe beschreiben.

Die menschliche Ehe reflektiert also die große Geschichte der Bibel. Wie Ray Ortlund es ausdrückt, ist die Ehe „das umfassende Symbol und Konzept der gesamten Bibel".[49] Sie veranschaulicht das, was Gott im großen Maßstab im Universum tut: Er erschafft ein Volk für seinen Sohn. Ortlund fährt fort:

> *Diese ewige Liebesgeschichte ist der Grund, warum Gott das Universum erschaffen, warum er uns im Garten Eden die Ehe geschenkt hat und warum sich Paare auch in der heutigen Welt noch ineinander verlieben und heiraten. Jedes Mal, wenn sich eine Braut und ein Bräutigam das Jawort geben, vollziehen sie die biblische Liebesgeschichte nach, ob ihnen das bewusst ist oder nicht.*[50]

Diese Geschichte ist der Schlüssel für das Verständnis unserer Sexualität.

Wir werden erneut daran erinnert, warum die Bibel wiederholt den heterosexuellen Charakter der Ehe betont. Damit die Ehe ein Spiegel von Christus und der Gemeinde sein kann, darf sich nicht Gleiches zu Gleichem gesellen, sondern Mann zu Frau. Wenn man diese Konstellation verändert, verzerrt man auch die geistliche Wahrheit, auf die die Ehe hinweist. Verändert man die Ehe, dann verzerrt man das Evangelium, das sie widerspiegeln soll.

N. T. Wright beendet einen Artikel über die heterosexuelle Natur der Ehe wie folgt:

> *Über das biblische Bild von Mann und Frau, vereint in der Ehe, kann man nicht einfach sagen: „Ach, na ja, damals hatten die halt komische Vorstellungen. Heute wissen wir es besser." Die biblische Sicht der Ehe ist Teil der großen neuen Schöpfung, und sie symbolisiert diesen göttlichen Plan und weist auf ihn hin. ... Die Ehe ist ein Zeichen dafür, dass alles im Himmel und auf der Erde in Christus zusammenkommt.*[51]

Eine auf das Evangelium ausgerichtete Sicht der Ehe

Diese Sicht der Ehe verhilft uns zu einer gesunden Perspektive. Wenn wir erkennen, worauf sie hindeutet, bedeutet das zweierlei.

Erstens werden wir sie nicht herabsetzen oder bagatellisieren. Sie weist auf Christus und sein Volk hin. Also müssen wir sie ernst nehmen. In der alten Sprache des *Book of Common Prayer* heißt es: „Darum auch Niemand unberathen oder leichtfertig in denselben eintreten soll; sondern mit heiliger Scheu und rechter Prüfung, bedachtsam, nüchtern und in der Furcht Gottes."[52] Sie ist von großer Bedeutung, und wir alle, ob verheiratet oder nicht, müssen sie in Ehren halten: „Die Ehe sei ehrbar in allem und das Ehebett unbefleckt! Denn Unzüchtige und Ehebrecher wird Gott richten" (Hebr 13,4).

Da die Ehe also auf so einzigartige Weise gewürdigt ist, das Evangelium widerzuspiegeln, ist es kein Wunder, dass das

Wohlergehen einer Gesellschaft zu einem großen Teil von der Gesundheit ihrer Ehen abhängt. Wir als Christen haben also guten Grund, die Ehe wertzuschätzen. Und doch – das, was ihr eine solch immense Bedeutung verleiht, bewahrt uns zweitens auch gleichzeitig davor, sie überzubewerten. Die Ehe ist nicht das Letzte, sondern weist darauf hin. Die Ehe an sich ist nicht dazu gedacht, uns Erfüllung zu geben, sondern weist auf denjenigen hin, der das tut. Die wahre Ehe finden wir in Christus. Unsere irdischen Ehen sind nur die Veranschaulichungen davon.

Der Film *Zoolander* geht von folgender Voraussetzung aus: Je besser jemand aussieht, desto dümmer ist er. Die Hauptfigur Derek Zoolander ist ein lächerlich gut aussehendes männliches Model und von daher mit reichlich Dummheit ausgestattet. An einem Punkt im Film beschließen einige Leute, ihm zu Ehren eine Schule zu bauen. Sie präsentieren ihm ein 3-D-Modell davon, wie die Schule später einmal aussehen wird. Zoolander kommt rein, wirft einen Blick auf das Modell und rastet aus.

„Was soll das sein? Ein Zentrum für Ameisen?", schreit er. „Das muss mindestens *dreimal* so groß sein!"

Er meint, die tatsächliche Schule zu sehen. Er verwechselt das Modell mit der Realität.

Das Gleiche passiert uns sehr schnell mit der Ehe. Wir verwechseln sie mit der umfassenderen Realität und der letzten Erfüllung, auf die sie hinweist. Selbst in christlichen Kreisen geht uns das allen so. Ständig. Wir erwarten von unseren irdischen Ehen das, was wir nur in der geistlichen Ehe finden werden.

Einer der Vorteile davon, ein ordinierter Pastor zu sein, ist, dass ich hin und wieder an Hochzeiten teilnehmen kann. Es ist ein großes Vorrecht und in der Regel auch eine große Ermutigung. Doch in den letzten Jahren ist mir ein wachsender und besorgniserregender Trend aufgefallen: dass nämlich jemand (meistens der Bräutigam) Dinge über den Partner sagt, die ein Gläubiger nur über Jesus sagen sollte. Erst kürzlich hörte ich, wie ein Christ über seine Zukünftige sprach. Allem Anschein nach ist sie eine wundervolle gläubige Frau. Doch irgendwann sagte er: „Sie ist das Licht meiner Welt", und auf einmal war mir sehr unbehaglich zumute. Es ist nämlich kein Ausdruck von Liebe, vom Ehepartner etwas zu erwarten, was nur Jesus bieten kann. Vielleicht denken Sie, Sie würden Ihre Braut ehren, doch in Wirklichkeit tun Sie etwas ganz und gar nicht Liebevolles. Diese Frau ist nicht dazu geschaffen, das Licht der Welt ihres Mannes zu sein. Selbst wenn sie wollte, könnte sie das nicht. Er legte ihr eine Last auf, für die sie nie geschaffen worden war. Offen gesagt: Wenn Sie jemanden heiraten mit der Erwartung, dass er oder sie Ihnen Erfüllung gibt, dann dürften Sie für Ihren Partner ein ziemlicher Albtraum werden. Sie fordern etwas, was nur Jesus geben kann. Sie gehen davon aus, dass Ihre Ehe Ihr Leben ausfüllt und vervollständigt. Doch das wird Sie nur enttäuschen und die arme Seele, mit der Sie verheiratet sind, zerstören.

Ein guter Freund von mir, der schon über 40 Jahre glücklich verheiratet ist, sagte kürzlich zu mir: „Meine Ehe ist viel besser, als ich je erwartet oder verdient hätte. Doch sie ist nicht genug." Das war keine Beschwerde. Es war ein gesundes Anerkennen von etwas, was zu vielen Menschen (ob verheiratet oder nicht) nicht bewusst ist.

Vor einigen Monaten hatte ich das Privileg, ein wunderbares junges Paar zu trauen. Es war eine idyllische Atmosphäre, doch mitten während der Predigt fühlte ich mich gedrängt zu sagen: „Wenn ihr irgendwann das Gefühl habt, dass eure Ehe eine Enttäuschung ist, dann behaltet im Hinterkopf, dass das genauso sein soll. Die Ehe soll euch nicht ausfüllen, sondern euch auf den hinweisen, der das tut." Es ist von großer Wichtigkeit zu erkennen, dass die letzte Bedeutung der Ehe darin liegt, uns auf unsere Verbindung mit Christus hinzuweisen. Nichts verleiht der Ehe mehr Würde, und nichts bewahrt uns besser davor, ihr selbst eine letzte Bedeutung zuzuschreiben.

Eine auf das Evangelium ausgerichtete Sicht des Single-Seins

Meine erste Fahrt in einem Krankenwagen kam, wie bei den meisten Leuten, recht unerwartet. Seit ein paar Tagen litt ich unter schmerzhaften Bauchkrämpfen und ging davon aus, dass ich etwas Verdorbenes gegessen hatte und sich die Krämpfe wieder legen würden. Doch ich lag falsch. Die Schmerzen nahmen zu, also ging ich zu meinem Hausarzt. Das Wartezimmer war voll; ich würde also lange warten müssen. So saß ich da, vor Schmerzen gekrümmt, und als der Arzt erschien, um den nächsten Patienten aufzurufen, deuteten alle Wartenden auf mich und sagten: „Den müssen Sie aber als Nächstes drannehmen." Es muss schon einiges passieren, bis Engländer einen vorlassen.

Der Arzt brauchte nur etwa zwei Minuten, um meinen Bauch einmal vorsichtig abzutasten und festzustellen, was das Problem war: Mein Blinddarm stand kurz vorm Platzen. Er rief einen Krankenwagen, und ab ging die Post. Es waren die schlimmsten Schmerzen, die ich je durchgemacht habe, aber trotzdem war es irgendwie spannend, mit einem Krankenwagen zu fahren und zu wissen, dass er mit Blaulicht und Sirene durch den Verkehr raste. Als ich erst einmal da war, wo ich hingehörte (auf dem

OP-Tisch), lief alles nach Plan. Nach einer kurzen Zeit der Genesung zu Hause war ich wieder fit.

An das Leben ohne Blinddarm muss man sich natürlich nicht erst gewöhnen. Abgesehen davon, dass ich nun ein paar Gramm weniger wog, hatte sich nichts verändert. Was auch immer er bislang für eine Rolle gespielt hatte, sie ist nur rudimentär. Der Körper funktioniert auch ohne ihn. Ich vermisse ihn kein bisschen.

Leicht übertragen wir eine solche Denkweise auch auf unsere Sexualität. Wenn wir davon ausgehen, dass die Ehe auf die Beziehung zwischen Jesus und seiner Gemeinde hinweist – was bedeutet das dann für uns Unverheiratete? Wenn wir enthaltsam leben sollen, heißt das, dass unsere Sexualität keine aktive Rolle mehr in unserem Leben spielt? Verschwenden Menschen wie ich ihre Sexualität, indem wir unsere sexuellen Sehnsüchte nicht ausleben? Wenn ja, wäre es sehr seltsam, dass ein so wesentlicher Aspekt unseres Menschseins nun quasi überflüssig ist. Wenn Gott uns als sexuelle Wesen geschaffen hat, wie kann es dann gut sein, dass wir einen Aspekt unseres Wesens in keiner Weise ausleben? Unsere verheirateten Freunde können zufrieden sein, dass sie ihre sexuellen Gefühle würdig auf gottgemäße Weise und im angemessenen Rahmen der Ehe ausdrücken dürfen. Dadurch würdigen sie ihre Sexualität, die über sie hinaus auf ihren letzten Bezugspunkt in Christus verweist.

Solche Gedanken sind verständlich und sind auch mir schon mehrfach gekommen, und ich treffe immer wieder Leute, vor allem Singles, die so denken. Sie fühlen sich irgendwie unvollständig und unzufrieden, weil sie sexuelle Handlungen unterdrücken. Es fühlt sich falsch an, wenn etwas anscheinend so Bedeutsames ungenutzt bleibt. Das ist, als hätte ein überragender Pianist niemals Zugang zu einem Klavier. Was für eine

Verschwendung! Doch das ist eine verkürzte Sicht und entspricht nicht dem, wie wir nach der Bibel über unsere Sexualität denken sollen. Die Bedeutung der Ehe beschränkt sich bei Weitem nicht nur auf unsere sexuellen Bedürfnisse – ob sie erfüllt oder unerfüllt, eine wertvolle Rolle in unserem Leben spielen und dazu beitragen, das Evangelium zu ehren.

Bei einer Gelegenheit wurde Jesus über das Wesen der Ehe im zukünftigen Reich Gottes befragt. Die Sadduzäer, die nicht an die Auferstehung der Toten glaubten, dachten, sie hätten ein Totschlagargument gefunden:

> *Lehrer, Mose hat gesagt: Wenn jemand stirbt und keine Kinder hat, so soll sein Bruder seine Frau heiraten und soll seinem Bruder Nachkommenschaft erwecken. Es waren aber bei uns sieben Brüder. Und der erste heiratete und starb; und weil er keine Nachkommenschaft hatte, hinterließ er seine Frau seinem Bruder. Ebenso auch der zweite und der dritte, bis auf den siebten. Zuletzt aber von allen starb die Frau. Wessen Frau von den sieben wird sie nun in der Auferstehung sein? (Mt 22,24-28)*

Die Sadduzäer bezogen sich auf die alttestamentliche Praxis der Schwagerehe. Zur Zeit des Alten Testaments galt es als Katastrophe, kinderlos zu sterben. Kinder waren nicht nur die Erben, sondern auch ein geistliches Vermächtnis und garantierten einen festen Platz im verheißenen Land, das Gott versprochen hatte. Nach den Sadduzäern führte diese Praxis den Glauben an die Auferstehung der Toten ad absurdum. Dazu kommen wir gleich, doch zuerst müssen wir uns damit befassen, dass diese Praxis aus heutiger Sicht etwas verhöhnt, was uns viel vertrauter ist: Wir gehen davon aus, dass eine kinderlose Witwe wie ein Erbstück in der Familie herumgereicht wurde.

Wir müssen uns aber unter anderem klarmachen, was dies zur Zeit des Alten Testaments bedeutete, und zwar keine Geringschätzung der ersten Frau des Bruders, sondern im Gegenteil eine hohe Wertschätzung – sie sollte nicht mittellos dastehen. Gott hatte sich als der Erlöser seines Volkes erwiesen, und gerade solche Gebote in seinem Gesetz zeigten, dass die Menschen nach seinem Willen ebenfalls Löser sein sollten. Wenn ein Mann die Frau seines toten Bruders heiratete, hatte das zur Folge, dass sie ein Heim und ein Erbteil unter Gottes Volk hatte. Eins der berühmtesten Beispiele aus der Bibel dafür ist die Geschichte, in der Boas Rut heiratet. Er war ihr Löser, ein Verwandter, der sie rechtmäßig lösen konnte. Es war nicht immer einfach, die Verantwortung eines Lösers zu übernehmen, sondern ein großer Akt der Freundlichkeit und potenziell sehr teuer. (Genau aus diesem Grund hatte ein Verwandter, der Rut noch näherstand, diese Aufgabe ausgeschlagen.) Durch seine Tat verwies Boas auf die ultimative Erlösung durch Jesus Christus, der einer von uns wurde, damit er uns zu einem hohen Preis erlösen konnte.

Zurück zu den Sadduzäern. Sie haben, wie sie meinen, Jesus theologisch in den Schwitzkasten genommen. Durch das Gesetz Gottes selbst würde sich die Vorstellung einer Auferstehung als unhaltbar erweisen. Genau das würde die hypothetische Situation, die sie vorbringen, zeigen, so denken sie zumindest. Doch Jesus lässt sich nicht aufs Glatteis führen.

Jesus aber antwortete und sprach zu ihnen: Ihr irrt, weil ihr die Schriften nicht kennt noch die Kraft Gottes. (Mt 22,29)

Sie dachten, die Schriften würden sie bestätigen, doch Jesus beschuldigt sie des biblischen Analphabetismus. Sie kennen von der Bibel nichts weiter als die Handvoll Verse, die ihre Überzeugung vermeintlich untermauern. Und darüber hinaus kennen sie die Kraft Gottes nicht. Sie haben sich ein Szenario ausgedacht, mit dem nach ihrer Überzeugung ein Tote auferweckender Gott nicht umgehen kann, ein Gedankenexperiment, auf das Gott noch gar nicht gekommen sein konnte. Sie merken nicht, dass Gottes Hand so viel stärker ist als Menschenhand. Ihre Schriften sind voller leerer Seiten und ihr Gott ist nicht mächtiger als das, was ihr Vorstellungsvermögen umfasst.

Jesus fährt fort:

> *Denn in der Auferstehung heiraten sie nicht, noch werden sie verheiratet, sondern sie sind wie Engel im Himmel. Was aber die Auferstehung der Toten betrifft: Habt ihr nicht gelesen, was zu euch geredet ist von Gott, der da spricht: „Ich bin der Gott Abrahams und der Gott Isaaks und der Gott Jakobs"? Gott ist nicht der Gott von Toten, sondern von Lebenden. (Mt 22,30-33)*

Damals gab es ja noch keine Mikrofone, die runterfallen konnten, aber so ein Gedanke drängt sich auf. Gottes berühmten Refrain, der sich durch das ganze Alte Testament hindurch zieht, hatten sie ganz offensichtlich überhaupt nicht bemerkt. Nur weil Abraham, Isaak und Jakob gestorben waren, hieß das nicht, dass Gott mit ihnen fertig war. Ihre Geschichten waren noch nicht zu Ende. Er war noch immer ihr Gott, und sie waren immer noch sein Volk. Nur ein kleiner Geist kann denken, Gottes Verheißungen und Ziele würden von menschlichen Lebensspannen begrenzt.

Doch das Wesentliche für uns ist das, was Jesus als Erstes sagt. Es wird eine Auferstehung geben – wir werden im künftigen Reich Gottes einen verherrlichten Leib haben. Und ein Kennzeichen dieses ewigen Lebens wird sein, dass es keine menschlichen Ehen mehr gibt. Jesus vergleicht unser zukünftiges Wesen mit dem Wesen von Engeln. Dabei dürfen wir aber das Wesentliche hier nicht übersehen. Wir werden wie die Engel sein, aber nicht in dem Sinn, dass wir Flügel haben und fliegen können (immerhin spricht er von einer leibhaftigen Auferstehung), sondern in Bezug auf ihren Familienstand. Die Sadduzäer lagen falsch, weil sie erstens annahmen, dass es keine Auferstehung gäbe, und dass es zweitens, wenn es doch ein Leben nach dem Tod geben sollte, dieses exakt so sein würde wie das jetzige. Doch die Auferstehung ist nicht einfach nur eine Verlängerung unseres physischen Lebens; sie ist dessen Umgestaltung und Erfüllung. Und das, sagt Jesus, bedeutet (unter anderem), dass wir dann nicht mehr heiraten. Es zeigt sich, dass dieser Aspekt des Lebens nur in der jetzigen Zeit gilt.

Das müssen wir erst einmal sacken lassen. Jesus sagt nicht nur, dass es keine langwierigen Fotoshootings mehr geben wird, keine peinlichen Hochzeitssprüche und keine kitschigen Reden des Brautvaters. Er sagt, dass es keine irdische Ehe mehr geben wird. Die Ehe, so wie wir sie hier führen, hat dann ihren Zweck erfüllt. Das Leben dort wird eine Erfüllung all dessen sein, worauf die jetzige Ehe hindeuten soll.

Meine Eltern haben, wie fast alle Eltern, an verschiedenen Stellen zu Hause Bilder von mir und meinem Bruder platziert. Kürzlich fiel mir auf, dass sie auf Reisen immer einige dieser Bilder mitnehmen. Wo auch immer sie sind, ob zu Hause oder unterwegs, erinnern sie sich so gerne an ihre Familie. Doch sie nehmen die Bilder nicht mit, wenn sie mit mir zusammen unterwegs sind oder mich besuchen. Wer die körperliche Realität vor sich hat, braucht kein Bild.

Die Ehe ist ein Bild für Christus und die Gemeinde. Wenn wir also einmal in die vollkommene Beziehung mit ihm eintreten, wenn ihm die Gemeinde als perfekte Braut übergeben wird, dann hat die Ehe als Institution ihren Zweck erfüllt. Wir haben dann die Realität und brauchen das Bild nicht mehr. Wie Glynn Harrison sagt:

> *Die Bibel lehrt nicht, dass es im Himmel keine Ehe mehr geben wird. Sie lehrt vielmehr, dass es im Himmel nur noch eine Ehe geben wird – die zwischen Christus und seiner Braut, der Gemeinde.*[53]

Unsere Ehen sind daher nur vorübergehend. Sie sind nicht ewig. Wir werden zahllose Milliarden von Jahren in ultimativer Glückseligkeit verbringen, aber nicht als miteinander verheiratete Menschen. Abgesehen von unserer Beziehung zu Christus sind wir dann Singles. Wir können davon ausgehen, dass es in der neuen Schöpfung andere Formen menschlicher Bindungen geben wird. Ich bin überzeugt, dass die Freundschaft, die die Grundlage einer gesunden Ehe bildet, in der Ewigkeit fortbesteht. Doch die Ehe als Institution tut das nicht.

Das erinnert uns daran, dass die Ehe nicht das Letzte ist. Im kommenden Zeitalter gibt es sie nicht mehr; und im jetzigen ist sie nicht lebensnotwendig. Diese Wahrheit zeigt sich schon im Leben Jesu. Er war der vollkommenste Mensch, der je auf dieser Welt gelebt hat, und das, obwohl er single war. Trotzdem nannte er sich „Bräutigam“. Die Hochzeit, für die er gekommen war, werden alle, die zu ihm gehören, gemeinsam mit ihm bis in alle Ewigkeit genießen. Sein Single-Sein auf Erden war ein Zeugnis für die ultimative Ehe, die zu stiften er gekommen war.

Auch wir können mit unserem Single-Sein ein Zeugnis für diese Realität sein. Wie Jesus können wir auf eine Weise leben, die das Kommende bereits vorwegnimmt. Unser Single-Sein heute kann ein Ausdruck davon sein, dass diese zukünftige Realität so sicher und gut ist, dass wir sie schon heute annehmen können. Auf diese Weise verkünden wir einer Welt, die besessen von sexueller und romantischer Intimität ist, dass diese Dinge nicht das Höchste sind, sondern dass wir dies in Christus bereits besitzen.

> *Alleinstehende Christen, die auf Sex* außerhalb *der Ehe verzichten, sind genauso mächtige Zeugen für die Treue von Gottes Liebe wie jene, die Sex* innerhalb *des Ehebundes erleben. ... Sich von etwas zu enthalten kann ein genauso überzeugender Beleg für die Qualität einer Sache sein, wie wenn man diese Sache genießt ... Sowohl Singles als auch Verheiratete, die auf Sex außerhalb der Ehe verzichten, weisen auf dasselbe hin. Beide setzen ihre Sexualität auf eine Weise ein, die als Zeichen für das Reich Gottes und für den treuen Charakter von Gottes Liebe steht.*[54]

Wenn uns die Ehe ein Bild des Evangeliums zeigt, so zeigt uns das Single-Dasein, dass das Evangelium völlig ausreicht.

Darum braucht die Gemeinde Singles. Nicht als nie versiegende Quelle potenzieller Babysitter, sondern um uns daran zu erinnern, dass die Freude und die Erfüllung der Ehe in diesem Leben nur Stückwerk und zwangsläufig vorübergehend sind. Singles in der Gemeinde, die ihre Bedeutung und Erfüllung in

Christus finden, sind ein sichtbares, greifbares Zeugnis für die Tatsache, dass letztendlich alle unsere Sehnsüchte in Jesus gestillt werden.

Das heißt aber nicht, dass unsere sexuellen Sehnsüchte nutzlos und so überflüssig wie ein Blinddarm wären. Die sexuelle Vereinigung, nach der wir uns sehnen, kann uns (wenn wir es zulassen) auf die noch ausstehende, viel größere Vereinigung hinweisen. Unsere sexuellen Sehnsüchte erinnern uns daran, dass wir das, worauf wir in dieser Zeit verzichten, in der neuen Schöpfung in vollkommener Weise bis in alle Ewigkeit in Fülle genießen werden. Unerfüllte sexuelle Wünsche werden so zu einem Weg, unser Empfinden zu vertiefen für die umfassendere, tiefere Erfüllung, die uns in Jesus erwartet. Das hilft uns dabei, mehr nach ihm zu hungern.

Glynn Harrison drückt dies so aus:

> *Egal, ob wir verheiratet oder alleinstehend sind, unsere sexuellen Sehnsüchte sind unser eingebauter Instinkt, der uns zurück zu Gott führen will, ein Navi, das uns den Weg nach Hause weist. Man kann es sich wie eine Art Körpersprache vorstellen: Unsere Körper sprechen zu uns über die umfassendere Realität von Erfüllung und ewigem Segen und drängen uns dorthin.*[55]

Das ist befreiend. Es bedeutet, dass meine sexuellen Gefühle ihren Zweck erfüllen, auch wenn sie nicht befriedigt werden. Wenn ich dieses tiefe Gefühl von Sehnsucht, von sexueller Rastlosigkeit und Frustration verspüre, dann soll ich an die ultimative Rastlosigkeit denken, die entsteht, wenn wir getrennt von unserem Schöpfer leben, und die ihre Antwort in demjenigen findet, der all jenen tiefe und beständige Ruhe versprochen hat, die zu ihm kommen. Sexuelle Sünde scheint die Antwort auf diese Rastlosigkeit zu sein, doch sie ist vorübergehend und flüchtig.

Enthaltsamkeit ist keine Verschwendung unserer Sexualität; sie ist ein wunderbarer Weg, sie zu erfüllen. Sie bietet die Möglichkeit, dass uns unsere sexuellen Gefühle auf die Realität des Evangeliums hinweisen. Wir werden nie vollständig begreifen, was unsere Sexualität ist, wenn wir nicht wissen, wofür sie da ist – um uns auf Gottes Liebe zu uns in Christus hinzuweisen.

7
Single-Sein ist leicht

Mit so einem Gespräch hatte niemand gerechnet.

Ich war in New York City und besuchte eine Gemeinde, in die ich regelmäßig gehe, wenn ich in der Stadt bin. An diesem Morgen saßen zwei Freunde und ich zufällig beieinander und unterhielten uns nach dem Gottesdienst. Keiner von uns hatte Pläne fürs Mittagessen, also beschlossen wir, uns gemeinsam etwas zu essen zu holen, und über kurz oder lang waren wir in ein Gespräch über unsere Erfahrungen mit dem Single-Sein vertieft. Es ist dabei durchaus nicht so, als würden Alleinstehende ständig über ihr Single-Dasein reden. Meiner Erfahrung nach tun die meisten von uns das nicht oft genug. Das Bemerkenswerte an diesem Gespräch war aber nicht, dass wir überhaupt darüber sprachen, sondern dass es in so einer offenen Art geschah.

Ich weiß nicht mehr, wie wir auf dieses Thema kamen, und erst recht nicht, wie wir auf die Ängste zu sprechen kamen, die wir alle mit unserem Single-Sein verbanden, doch als wir einmal angefangen hatten, konnten wir nicht mehr aufhören. Ich hatte noch nie mit jemandem über diese Themen gesprochen, und meine beiden Freunde, glaube ich, auch nicht. Es war schmerzhaft, aber auch heilsam. Am Ende war ich erschöpft, aber auch erleichtert – erleichtert, weil ich dieses Gespräch hatte führen dürfen und weil keiner von uns mit seinen geäußerten Ängsten allein war. C. S. Lewis hat einmal gesagt, dass Freundschaft normalerweise damit beginnt, dass jemand fragt: „Was? Auch du? Ich dachte, ich sei der Einzige!“[56]

In diesem Buch habe ich versucht aufzuzeigen, auf wie unterschiedliche Weise das Single-Sein meiner Meinung nach unterbewertet wird. Im Laufe der Kirchengeschichte ist das Pendel mal in die eine, mal in die andere Richtung ausgeschlagen in Bezug darauf, ob entweder die Ehe oder das Single-Sein erstrebenswerter oder geistlicher ist. Heutzutage gibt es kaum Zweifel, in welche Richtung es ausgeschlagen ist: Es gibt eine überwältigende Tendenz, biblisches Single-Sein in der Gemeinde und der Gesellschaft unterzubewerten. Ich wollte also vornehmlich zeigen, dass es nicht so schrecklich ist, wie wir oft annehmen.

Die Gefahr dabei besteht darin, dass wir am Ende denken, das Single-Sein sei eine einzige Party. Nach der Lektüre der vorangegangenen Kapitel denken einige von uns möglicherweise, dass das Leben eines Alleinstehenden nur aus tiefen und interessanten Freundschaften und Freiheiten bestehe – ganz ohne die Einschränkungen und den Stress eines Familienlebens; ohne jemanden, mit dem wir ständig jeden Plan und jede Idee abstimmen; ohne jemand, der davon abhängig ist, dass wir ihn mit Nahrung und Kleidung versorgen. Es klingt danach, als würde das Single-Sein viel mehr Spaß machen und viel weniger kosten.

Ehe und Single-Sein sind, wie wir hoffentlich gesehen haben, beides gute Geschenke von Gott und geben uns die Möglichkeit, wie wir Gottes Güte erleben können. Doch in einer gefallenen Welt sind es beides auch Geschenke, die ihre eigenen Schwierigkeiten mit sich bringen. Keins von beidem ist leicht. Beides ist mühsam. Beides hat Höhen und Tiefen, die sich voneinander unterscheiden. Die Gefahr besteht darin, dass wir die Tiefen unserer eigenen Situation mit den Höhen der Alternative vergleichen. Wir Singles schauen schnell auf die Höhen des Ehelebens und vergleichen sie mit den Tiefen des Single-Lebens, und genauso leicht machen Verheiratete es umgekehrt.

Nachdem wir nun die (oft übersehenen) Höhen des Single-Seins betrachtet haben, wollen wir uns mit einigen der Schwierigkeiten befassen. Darunter fällt alles von kleineren Unannehmlichkeiten bis hin zu den Ängsten, über die meine Freunde und ich beim Mittagessen sprachen und die uns des Nachts wachhalten.

Die Schwierigkeiten des Single-Seins

Da gibt es die ganz alltäglichen Dinge. Die christliche Autorin Kate Wharton drückt es so aus:

> *Wenn wir ein Formular ausfüllen und bei „Familienstand" „ledig" ankreuzen müssen; wenn wir im Urlaub den Aufschlag für ein Einzelzimmer zahlen müssen; wenn wir im Supermarkt Sonderangebote à la „Nimm zwei, zahl eins" sehen, von denen wir wissen, dass wir sie am Ende doch nur wegwerfen; wenn wir uns wappnen, allein zu einer Party zu gehen; wenn wir beim Möbelaufbauen jemanden brauchen, der mitanpackt; wenn wir nach Hause in eine leere Wohnung kommen und niemand da ist, dem wir von den Höhen und Tiefen unseres Tages erzählen können – in solchen Momenten und vielen anderen fühlt sich das Single-Sein wie ein ziemlich schlechter Deal an.*[57]

Keins der genannten Beispiele ist für sich allein genommen besonders schlimm. Doch das Leben besteht aus vielen Kleinigkeiten, die sich irgendwann summieren und einen gewaltigen kumulativen Effekt entfalten können. Manchmal sind es die kleinen Dinge des Alltags und nicht so sehr die großen, dramatischen Momente, die am meisten wehtun. Es sind die kleinen, alltäglichen Erinnerungen daran, dass wir etwas allein tun, von dem wir meinen, es zusammen mit anderen tun zu sollen. Manchmal kann man diese Gefühle leicht zur Seite schieben und weitermachen wie bisher, doch manchmal überwältigen sie einen auch.

Mein guter Freund Ed Shaw beschreibt Zeiten, in denen der Schmerz des Single-Seins unerträglich wird. Er nennt sie „Küchenboden-Momente“:

> *Ich nenne sie so, weil ich in solchen Momenten auf dem Boden meiner Küche sitze, ohne dabei jedoch etwas Sinnvolles zu tun. Ich putze ihn nicht, obwohl es ihm guttäte. Stattdessen sitze ich dort und weine. Und der Grund für meine Tränen ist, dass mir meine Gefühle für das eigene Geschlecht so viel Kummer bereiten. Ich verspüre einen intensiven Schmerz, weil ich keinen Partner habe, keinen Sex, keine Kinder und all das.*[58]

Eine solche Erfahrung beschränkt sich nicht nur auf Menschen, die sich wie Ed Shaw zum eigenen Geschlecht hingezogen fühlen und deswegen single bleiben. Viele kennen den Schmerz, ohne „Partner, Sex, Kinder und all das“ leben zu müssen, egal, aus welchem Grund sie alleinstehend sind.

Ich erinnere mich, dass ich mir, als ich 20 wurde, mein Leben mit 30 vorzustellen versuchte. Meine Ambitionen zur damaligen

Zeit waren recht bescheiden: Ich hoffte, ich würde in irgendeiner Form als Pastor arbeiten und bis dahin auch verheiratet und Vater sein. Ich ging davon aus, dass solche Wünsche Gott gefallen würden und er sie mir deswegen ermöglichen würde. Kürzlich bin ich 40 geworden. Es erübrigt sich zu sagen, dass sich die Dinge nicht immer so entwickeln, wie wir erwarten oder hoffen.

Das wissen wir natürlich alle. Doch manchmal kommt ein Zeitpunkt, an dem uns klar wird, dass wir nicht da sind, wo wir hofften zu sein. Diese Erkenntnis tut weh. Mit Mitte 20 hatte ich das Gefühl, dass alle meine Bekannten heirateten. Zwischen Mai und September schien an jedem Samstag eine Hochzeit stattzufinden, zu der immer dieselben Gäste kamen, ich immer denselben zerknitterten Anzug trug und als einziger Single unter immer mehr Verheirateten zunehmend das Gefühl bekam, zu einer aussterbenden Spezies zu gehören. Es wurde darüber spekuliert, wer wohl als Nächster dran wäre. Und dann folgte die wohlgemeinte, aber etwas peinliche Spekulation darüber, wann meine Zeit kommen würde. Doch schlimmer noch als die Mutmaßung darüber, wann man selbst heiraten wird, ist es, wenn die Leute irgendwann aufhören, darüber zu spekulieren. Und schlimmer noch als die Erkenntnis, dass das Leben nicht nach meinem Plan verläuft, ist die Erkenntnis, dass es das *wohl auch wahrscheinlich nie tun wird.*

Absehen davon, dass sich die eigenen Erwartungen nicht erfüllen, ergibt sich das Problem, dass man auch die der anderen nicht erfüllt. In der säkularen Welt heiraten die Leute immer später. Doch unter Christen ist es immer noch eine Art Initiationsritus, eines der Zeichen des Erwachsenwerdens.

Ich erinnere mich noch daran, wie während des Studiums ein Freund von mir heiratete. Anschließend wurde er von den

Professoren anders behandelt. Wenn ich je um eine Fristverlängerung für die Abgabe einer Hausarbeit bat oder ein Seminar versäumte, dann sah ich mich vor die Inquisition gestellt. Doch da mein Freund ja nun verheiratet war, wurde ihm alles ohne Rückfragen erlaubt. Es war, als wäre er einem exklusiven Klub beigetreten und müsste nur seine „Frisch verheiratet"-Karte zücken, um überall freien Zutritt zu bekommen.

Ein anderer Freund von mir hatte viele Jahre lang eine komplizierte Beziehung zu seinem Vater. Dieser war sehr leistungsorientiert und permanent frustriert, dass sein Sohn keine so schnelle und großartige Karriere hinlegte, wie sich das sein alter Herr vorgestellt hatte. Doch das änderte sich über Nacht, als sich mein Freund verlobte. Er verstand nicht, warum ihn sein Vater auf einmal so anders behandelte. Doch es war offensichtlich. In den Augen seines Vaters bedeutete die Verlobung, dass sein Sohn endlich erwachsen geworden war. Es war, als wäre er plötzlich zehn Jahre älter. Ehe war ein Zeichen für Reife. Unverheiratet zu bleiben kann also einen Einfluss darauf haben, wie andere unsere Reife einschätzen, was wehtut.

Zweifellos gibt es Menschen, deren Unreife der Grund für ihr Langzeit-Single-Sein ist. Dass viele ihre Jugendzeit immer weiter ausdehnen, wird im Westen zunehmend zum Problem. Doch nur weil einige das Single-Sein als Ausrede dafür nutzen, sich vor der Verantwortung einer Ehe zu drücken, heißt das nicht, dass das Single-Sein an sich das Problem ist oder dass alle, die alleinstehend bleiben, das zwangsläufig aus diesem Grund tun. Ich erinnere mich daran, wie sich auf einer Hochzeit einmal ein älterer Mann zu mir umdrehte und mich fragte: „Bist du *immer* noch Single?"

Wenn man mit 20 oder Anfang 30 single ist, ist das etwas ganz anderes als mit Ende 30 oder 40. Mit Anfang 20 kann das

Leben wie eine Folge von *Friends* wirken. Die meisten unserer Freunde sind noch unverheiratet, und man kann sich nach Belieben täglich treffen. Studenten teilen sich eine Zeit lang Wohnheimzimmer oder leben mit guten Freunden in WGs; alle sind immer da und verfügbar. Man muss nichts allein unternehmen, wenn man das nicht möchte. Freundschaften sind überall. Selbst die alltäglichen Dinge – wie Wäschewaschen, Einkaufen, Hausarbeit, Kochen – kann man gemeinsam erledigen. Es herrscht ein herrlicher Kameradschaftsgeist.

Doch sobald die Freunde ernsthafte Beziehungen beginnen und schließlich heiraten, verändert sich die Dynamik der Freundschaften drastisch. Die grundlegenden sozialen Einheiten sind nicht länger Gruppen von Freunden, sondern Paare. Auch die Häufigkeit, mit der man sich trifft, verändert sich. Freunde, die man früher fast jeden Tag gesehen hat, trifft man jetzt nur noch einmal die Woche, dann vielleicht alle zwei Wochen, dann einmal im Monat und schließlich nur noch ab und zu. Das liegt nicht allein daran, dass sie verheiratet sind. Aus dem ehemals flexiblen Studentenleben ist ein weniger flexibles Arbeitsleben geworden, unter Umständen sogar ein Pendlerdasein. Doch wenige Dinge verändern eine Freundschaft so drastisch wie eine Heirat.

In gewissem Maß ist das absolut angemessen. Ehen benötigen Zeit, damit sie wachsen können. Doch sobald jemand eine ernsthafte Beziehung beginnt, werden oft alle anderen Freundschaften deutlich zurückgestuft. Ich denke da an jemanden, mit dem ich mit Anfang 20 eng befreundet war. Wir trafen uns mehrfach pro Woche. Dann hatte er eine Freundin, heiratete schnell und *verschwand* einfach. Ich sah ihn nicht mehr. Er war wie Frodo aus *Herr der Ringe* – in dem Moment, als er den Ring am Finger hatte, war er verschwunden. Das habe ich schon mehrfach erlebt. Sobald jemand eine ernsthafte Beziehung führt und ein Paar dann heiratet, haben andere Freundschaften weniger Priorität. Bei einem Freund war das besonders schlimm, weil es, wenn überhaupt, seine Frau war, die ihre wenigen Kontakte pflegte, und in der Regel waren das eher ihre Freunde als seine. Man fühlt sich unweigerlich an die Antwort des Mannes aus dem Gleichnis Jesu erinnert: „Ich habe eine Frau geheiratet, und darum kann ich nicht kommen" (Lk 14,20).

Es ist kein Wunder, dass Hochzeiten für Singles einen bittersüßen Beigeschmack haben. Wir freuen uns ehrlich mit unseren Freunden, wenn sie heiraten, empfinden aber auch einen gewissen Verlust. Für das Paar beginnt ein neuer Lebensabschnitt, doch für die Freundschaft geht ein Lebensabschnitt zu Ende. Ein alleinstehender Freund von mir sagte mir mit Ende 40, dass die Hochzeit eines seiner besten Freunde für ihn „wie ein Verlust" sei. Man fühlt sich zurückgesetzt.

Die Schriftstellerin Carrie English beschreibt, wie sie sich auf Hochzeiten von Freunden zurückgewiesen fühlt:

> *Zwei Menschen verkünden öffentlich, dass sie einander mehr lieben als dich. … Es ist unbestritten, dass Freundschaften durch eine Heirat grundlegend verändert werden. Prioritäten wurden vor aller Ohren geklärt. Sie ist für ihn da – in guten wie in schlechten Tagen, bis dass der Tod sie scheidet. Für dich ist sie an deinem Geburtstag da oder wenn er lang arbeiten muss. Platonisch sitzen gelassen zu werden wäre nicht so schlimm, wenn die Leute anerkennen würden, dass man das Recht auf ein platonisch gebrochenes Herz hat. Doch dafür haben wir keine Worte. So viele Lippenbekenntnisse zu Freundschaft es in unserer Gesellschaft auch gibt, Fakt ist: Die einzige Liebe,*

die als wichtig erachtet wird – wichtig genug, dass sie groß öffentlich gefeiert wird –, ist die romantische Liebe.[59]

Selbst wenn die Freundschaft mit einem verheirateten Freund weiter besteht, wird sie oft einseitig. Der oder die Verheiratete braucht Sie nicht länger so wie früher. Ich habe beobachtet, dass die meisten Freundschaften zwischen einem Single und einem Verheirateten eindeutig asymmetrisch sind. Drei Punkte sind mir dabei aufgefallen.

Erstens bin ich als Single oft derjenige, der in der Freundschaft die meiste Initiative zeigt. Das ist nicht grundsätzlich so; ich habe mehrere verheiratete Freunde, die mir einen Rippenstoß versetzen werden, sobald sie das hier lesen. Doch in vielen meiner Freundschaften bin oft ich es, der den ersten Schritt unternimmt. Das ist auch verständlich, da ich ja an einem freien Abend oder Wochenende nach Gesellschaft suche. Meine verheirateten Freunde haben nicht das gleiche Bedürfnis nach sofortiger Gesellschaft. Das verstehe ich. Doch im Laufe der Zeit tut das weh, und man stellt sich leicht die Frage, wie lange man wohl warten müsste, bis die anderen sich melden. Manche meiner Freunde sagen mir etwas in der Art wie: „Du weißt ja, wo wir wohnen, und du bist immer willkommen. Warte nicht darauf, dass wir dich einladen." Auf gewisse Weise ist das sehr berührend. Doch wenn das mehrere sagen, bewirkt der kumulative Effekt, dass ich das an schlechten Tagen so verstehe: „Wir denken nicht ständig an dich oder laufen dir hinterher. Wir *brauchen* dich nicht unbedingt. Du musst dich also bei uns melden, wenn du vorbeikommen willst. Und es ist immer so, dass du zu uns kommen musst, und nicht umgekehrt." Das führt mich zum nächsten Punkt.

Zweitens bin ich als Single oft derjenige, der die anderen, die Verheirateten, besucht. Und ja, auch das ist meist sehr verständlich. Für eine Einzelperson ist es leichter, zwei Personen zu besuchen, als umgekehrt. Erst recht, wenn Kinder dazukommen; für sie ist es um ein Vielfaches komplizierter, mich zu besuchen. Ich habe Familien beobachtet, wie sie versuchen, das Haus zu verlassen. Logistisch gesehen war die Landung der Alliierten in der Normandie eine geringere Herausforderung. Das verstehe ich. Und meine Spielzeugsammlung ist, wie etliche Kinder bereits festgestellt haben, nichts im Vergleich zu der ihren. Wenn ich ein Abendessen für verheiratete Freunde mit Kindern kochen will, biete ich oft an, es bei ihnen zu Hause zuzubereiten. Die Küchen mancher Freunde sind mir vertrauter als meine eigene. Das ist kein Problem; ich finde das klasse. Auf diese Weise können wir mehr Zeit miteinander verbringen, als wenn sie erst warten müssten, bis der Babysitter die Kinder ins Bett gebracht hat.

Und manche meiner Freunde leben weit entfernt. Ich denke da an das Paar, das mir neulich den Schlüssel zu ihrer Wohnung in New York City gegeben hat, und an eine andere amerikanische Familie, die zwar nach England gezogen ist, aber leider ans falsche Ende. In beiden Fällen komme ich durch meine Arbeit recht häufig in ihre Gegend, also würde ich sie nicht annähernd so häufig bei mir zu Besuch erwarten, wie ich bei ihnen bin.

Mir geht es hierbei vielmehr um Freunde, die zwar zu Besuch kommen *könnten,* es aber nie tun. Einige meiner verheirateten Freunde – manche von ihnen sogar ohne Kinder – leben ganz in der Nähe, kommen aber trotzdem nur selten vorbei. Das Problem ist das, was dadurch kommuniziert wird: Sie finden es zwar schön, wenn Sie ab und an wie ein Gast in ihrem Leben auftauchen, aber sie haben nicht wirklich Interesse daran, Teil Ihres Lebens zu sein,

Ihr Zuhause kennenzulernen, Ihr Leben, Ihre Freunde und Ihre Gemeinde. Es entsteht leicht eine Schieflage. Wenn man Menschen bei sich zu Hause erlebt, lernt man sie viel umfassender kennen. Man beobachtet, wie und wo sie leben, lernt die Menschen in ihrem Umfeld kennen. Wenn man erst einmal die Welt des anderen kennengelernt hat, beginnt man, sich nach ihren Freunden und Familienangehörigen zu erkundigen. Man weiß, wer ihr Pastor ist, und kann mit ihnen über die Eigenarten ihrer Gemeindefamilie lachen. Das gibt einem Menschen das Gefühl, wirklich gekannt zu werden. Wenn niemand unsere Welt betritt, fühlen wir uns leicht wie reine Accessoires im Leben der anderen.

Beides – sowohl, dass es meist die Singles sind, die den Kontakt suchen, als auch, dass dieser Kontakt in der Regel in der Welt ihrer verheirateten Freunde stattfindet – ist Ausdruck einer dritten Asymmetrie, die sogar noch tiefgehender und schmerzhafter ist. Fakt ist, dass die Alleinstehenden aller Wahrscheinlichkeit nach ihre verheirateten Freunde mehr brauchen als die verheirateten Freunde sie. Das soll nicht heißen, dass Verheiratete ihre alleinstehenden Freunde überhaupt nicht bräuchten; das Bedürfnis ist nur ein anderes und bewegt sich auf einem anderen Niveau. Für mich als Single sind meine Freunde mein Rettungsanker. Sie sind wie meine Familie. Bei ihnen fühle ich mich am meisten gekannt und geliebt. Manche gehören zu meiner Gemeinde; andere, die weiter weg wohnen, kenne ich schon sehr lange aus den unterschiedlichsten Bereichen. Ich brauche sie. Sehr sogar. Doch es ist eine Tatsache, dass sie mich nicht auf die gleiche Weise brauchen. Manche sind für mich wie Familie, doch da sie ihre eigenen Familien haben, erwidern sie die familiären Gefühle, die ich für sie hege, nicht unbedingt. Das ist soweit auch gut und richtig, tut aber manchmal weh.

Kürzlich besuchte ich einen guten Freund, und beim Abschied sprachen wir darüber, wann wir uns wiedersehen würden.

„Wann hast du Zeit?“, fragte ich.

„Ich fürchte, erst in drei Monaten wieder“, antwortete er. Er hatte viel zu tun.

Ich war am Boden zerstört. *Erst in drei Monaten?*

Etwas zum Hintergrund: Er ist einer meiner besten Freunde und hat selbst schon oft gesagt, dass ich auch einer seiner besten Freunde bin. Wir kennen einander seit vielen Jahren. Ja, wenige Leute kennen sich so gut und genießen eine solche Offenheit. Es ist ein seltenes Geschenk. Er wohnt 75 Autominuten von mir entfernt, also nicht grade um die Ecke. Aber es ist nicht so, als würden wir in verschiedenen Zeitzonen leben. Ich bin schon für ein gutes Curry weiter gefahren.

Drei Monate erschienen mir sehr lang. Jeder ist beschäftigt – das verstehe ich. Aber es war nicht so, als würde er nach Übersee reisen oder sich auf ein einschneidendes Erlebnis vorbereiten wie die Geburt eines Babys oder einen Umzug. Es waren die ganz normalen Dinge, die das Leben so ausfüllten, nichts Außergewöhnliches. Was mich verletzte, war, dass er mit dem Drei-Monats-Abstand selbst kein Problem zu haben schien. Er sagte es mit beinahe entschuldigendem Ton. Aber auch wenn es für ihn nicht ideal war, stellte es kein großes Problem für ihn dar. Es fühlte sich an, als wolle er damit sagen, dass er auch gut ohne mich klarkommen würde. Kein Ding. Doch mir reicht es nicht aus, so gute Freunde nur alle drei Monate zu sehen. Mir wurde bewusst, dass meine Freunde für mich sehr wichtig sind, sie für mich aber nicht zwingend das Gleiche empfinden. Das kann sehr wehtun. Das, was sie mir bedeuten, bedeutet ihnen ihre Familie. Ich stehe auf ihrer Liste dessen, was sie brauchen, viel weiter unten.

Das zeigt sich noch deutlicher, wenn sie wegziehen. Ich bin seit Jahren gut mit einer Familie befreundet, die fünf Minuten zu Fuß von mir entfernt lebt. Im Schnitt essen wir einmal pro Woche zusammen. Wir sind schon gemeinsam in Urlaub gefahren. Wir kennen uns gut und lang genug, dass wir einen sehr natürlichen und vertrauten Umgang miteinander entwickelt haben. Es sind Leute, mit denen ich gar nichts unternehmen muss, wenn wir zusammen sind. Das meine ich ernst. Es ist nicht ungewöhnlich, dass wir einfach zusammensitzen, jeder liest sein Buch, und wir reden stundenlang kaum. Wir haben eine unausgesprochene Regel, dass es vollkommen okay ist, auf der Couch des jeweils anderen einzunicken. (Ich erinnere mich daran, wie wir einmal einen Nachmittag hauptsächlich damit verbrachten, gemeinsam im Wohnzimmer zu dösen. Es war fantastisch!) Ich bin schon öfter zu ihnen gegangen, um an ihrem Küchentisch sitzend irgendeine Arbeit zu verrichten, während sie mit ihren normalen Alltagsaufgaben beschäftigt waren.

Vielleicht liegt das an meinem Persönlichkeitstyp, aber für Singles sind Menschen sehr wichtig, mit denen sie zum Nichtstun zusammen sein können. Manchmal fühle ich mich emotional erschöpft, möchte aber gerne Gesellschaft haben, und dann ist es wunderbar, Freunde zu haben, die ich oft genug sehe, dass wir uns nicht erst auf den neuesten Stand bringen müssen. Das eine Problem sind Freunde, mit denen man sich *kaum* austauschen kann, das andere sind Freunde, mit denen man sich *nur* austauscht. Verheiratete Freunde vergessen das leicht, weil sie bereits Menschen haben, mit denen sie nichts tun können, sodass sie dieses Bedürfnis nicht zwingend erkennen.

Was ich damit sagen will: Mir steht diese benachbarte Familie sehr nahe. Ich schreibe diese Zeilen auf einer dienstlichen Reise nach Australien. Da ich äußerst schlecht geplant hatte, verbrachte ich meinen Geburtstag letzte Woche allein und im Flugzeug. Da die Tochter dieser befreundeten Familie das wusste, hatte sie für mich ein Quiz für unterwegs gebastelt. Ich machte es auf und sah, dass es zehn Runden mit zehn Fragen enthielt. Manche Fragen betrafen Themen, die mich interessieren (*Star Wars*, US-Politik, thailändisches Essen), doch in den meisten ging es um Sachen, die wir zusammen erlebt hatten wie gemeinsam gemachte Reisen. In einer ganzen Runde ging es nur um lustige Sachen, die ihr Vater gesagt und getan hat (wie wir ihn zum Beispiel einmal im Urlaub im Central Park verloren, weil er sich versehentlich einer Gruppe deutscher Radfahrer angeschlossen hatte, oder als er uns in den Pyrenäen beinahe den Abhang hinuntergefahren hätte). Mir wurde bewusst, wie viel Leben wir im Lauf der Jahre miteinander geteilt haben.

Ich erzähle so viel von dieser Freundschaft, damit Sie verstehen, wie schmerzhaft es für mich ist, dass sie nun wegziehen – nicht in eine Stadt oder Gegend in der Nähe, sondern ans andere Ende des Landes, mehrere Stunden Fahrt entfernt. Ihr Umzug findet statt, während ich auf dieser Reise bin. Ich bin tieftraurig. Natürlich werden wir uns noch gegenseitig besuchen, aber aufgrund der Entfernung wird das nur noch gehen, wenn wir alle wenigstens ein paar Tage frei haben, damit sich die Fahrt lohnt. Keine spontanen Treffen nach dem Gottesdienst mehr; sie sind nicht mehr da, wenn ich zusammen mit jemand ein neues Rezept ausprobieren möchte oder sie einen Grund brauchen, um den Kamin anzuzünden. Die Zeiten sind vorbei, in denen sie mich, wenn ich beruflich im Stress war, spontan einluden, um kurz vorbeizukommen, zu essen und dann wieder zu gehen. Sie schrieben mir sogar, während sie den Tisch deckten, eine SMS, damit ich genau rechtzeitig ankommen konnte. Die Vorstellung, sie nicht mehr in der Nähe zu haben, schmerzt. Ich weiß, dass es mir in den kommenden Monaten jedes Mal einen Stich versetzen wird, wenn ich an ihrer Straße vorbeigehe.

Wenn solche Freunde wegziehen, dann ist das (auch wenn das jetzt klischeehaft klingt), als würden sie ein bisschen von meinem Zuhause mitnehmen. Und wenn das innerhalb einiger Jahre mehrfach passiert, dann fühle ich mich, als wären Stückchen meines Herzens über das ganze Land verteilt.

Vor einigen Sommern erlebte ich einen zweifachen Schlag, als gleich zwei gute Freunde arbeitsbedingt ins Ausland zogen. Sie waren vermutlich die beiden Personen in meinem Freundeskreis, die sich am meisten darum bemühten, sich mit mir zu treffen. Ihr Wegzug hat nicht dazu geführt, dass sie völlig von der Bildfläche verschwunden sind. Wir sehen uns immer noch. Wir haben uns gegenseitig besucht, sogar mehr als einmal. Und wenn wir uns heute treffen, ist es meistens wegen der Entfernung gleich für mehrere Tage statt nur für ein paar Stunden, sodass viel Zeit für mehr bleibt, als uns nur schnell auf den neuesten Stand zu bringen. Doch es ist nicht dasselbe, als würden sie noch in nächster Nähe lebten. Vor ihrem Umzug wohnten sie beide weniger als eine Stunde Fahrtzeit von mir entfernt. Einen von ihnen (er war single und daher etwas flexibler) traf ich etwa einmal die Woche, oft auch kurzfristig, wenn einer von uns grade nichts zu tun und Lust auf Gesellschaft hatte. Seit ihrem Wegzug fehlt mir diese spontane, regelmäßige Nähe am meisten. Ich würde alles dafür geben, sie wieder in meiner Umgebung zu haben.

Doch darüber hinaus ist der Wegzug eines Freundes so schlimm, weil das etwas Bestimmtes signalisiert. Gründe für einen Umzug gibt es viele: ein neuer Job, Nähe zur Familie,

Lebenshaltungskosten. Doch was es auch ist, es erinnert uns daran, dass die Freundschaft, egal, wie eng sie auch sein mag, nicht eng genug ist, um jemanden daran zu hindern, seine Zelte abzubrechen. Selbst die offensten Familiengrenzen werden auf einmal undurchlässig. Die Familie geht. Man selbst bleibt. So ist das eben. Ich will mich nicht darüber beschweren oder gar bestreiten, dass eine leibliche Familie natürlich gewisse Verpflichtungen mit sich bringt. Doch genau diese Verpflichtungen sind eine Erinnerung daran, dass Ihre Freunde das, was sie mit ihrer Familie verbindet, sie nicht in gleicher Weise mit Ihnen verbindet; und dass Sie so etwas selbst vielleicht mit niemandem haben.

Man zieht um wegen der Familie oder wegen des Geldes, aber nie wegen der Freunde. All das unterstreicht die Tatsache, dass mit der Familie eine verbindliche Verpflichtung einhergeht, die im allgemeinen Verständnis von Freundschaft meist fehlt.

Manchmal kann der Schmerz überwältigend werden. Vor einigen Jahren hatte ich einen kleinen Zusammenbruch. In mir hatte sich einiges aufgestaut. Ich versah einen Gemeindedienst, der mir immer schwerer fiel, und hatte auch weitere dienstliche Verpflichtungen, die meine emotionalen Kapazitäten überschritten. Ich hatte gerade eine böse Virusinfektion hinter mir und kämpfte noch mit einer post-viralen Erschöpfung. Es mangelte mir an Kraft und Energie, und langsam ging ich unter.

Der Auslöser für die tatsächliche Abwärtsspirale schien zunächst ganz harmlos zu sein. Ich sollte in einigen Monaten einen neuen Job beginnen. Der Plan war, dass ich nicht mehr für meine Gemeinde, sondern in Vollzeit für ein anderes christliches Werk arbeiten würde. Ich musste dafür zwar mein gewohntes Umfeld (und auch meine Gemeinde) nicht verlassen, brauchte aber eine neue Bleibe – nicht mal in einer anderen Stadt oder einem anderen Kreis, sondern in meiner Heimatstadt. Eigentlich nichts Weltbewegendes.

Doch in meinem übermüdeten und zunehmend ängstlichen Hirn wuchs sich der bevorstehende Umzug zu etwas Unabwendbarem und Unheilvollem aus. Ich suchte nach einem Haus, in dem ich allein leben und schließlich sterben würde – so malte ich mir das lebhaft aus. Heute, ein paar Jahre später und in einem besseren Gemütszustand, klingt das ein bisschen albern, doch ich kann mich noch gut zurückversetzen und meine damaligen Gefühle heraufbeschwören. Ich fürchtete mich vor dem Alter. Es war, als hätte sich die ferne Zukunft in die Gegenwart gedrängt, als stünde ich unmittelbar vor einem Alter in Einsamkeit. Ich lag wach und grübelte darüber nach, wer dann noch Teil meines Lebens sein würde und wer sich dann um mich kümmert. Ich fragte mich, ob es überhaupt jemandem auffallen würde, wenn ich die Treppen herunterfiele und nicht mehr aufstehen könnte. Ich malte mir aus (und konnte manchmal damit nicht mehr aufhören), dass ich einer dieser Menschen sein würde, dessen Tod wochenlang niemand bemerkt, bis der Briefkasten überquillt oder der Gestank zu stark wird.

Was diese heftigen Angstfantasien so unverhältnismäßig machte, war das Gefühl, dass selbst enge Freundschaften zu einem Provisorium geworden waren. Es gibt keine Garantien, schließlich können Menschen jederzeit wegziehen, heiraten oder eine andere Verpflichtung eingehen, die wichtiger ist als ihre Freundschaft mit mir. Meine Befürchtung war also, dass mich ein Freund, wie sehr er mich auch vermeintlich zu schätzen wusste, fallenlassen würde, sobald die Arbeit oder die Familie es verlangte.

Diese Angst erreichte ihren Höhepunkt, und ich konnte nichts gegen sie ausrichten. Sie war die Linse, durch die ich alles sah. In dieser Zeit verstärkten selbst die Ermutigungen anderer meine Ängste noch. Wenn ein Freund zu mir sagte: „Sam, solange ich in Maidenhead lebe, hast du einen Freund, zu dem du kommen kannst", hörte ich, dass er nur so lange mein Freund sein würde, bis er wegzog, was (in meinem Kopf) zwangsläufig passieren würde. Ein anderer Freund sagte mir: „Du weißt, wo wir sind. Warte nicht darauf, eingeladen zu werden", und daraus hörte ich, dass ich ihnen nicht wichtig genug war, als dass sie die Initiative ergreifen würden, mich einzuladen; das müsste ich schon selbst tun. Wieder ein anderer meinte, ich sei jederzeit bei ihnen zu Hause willkommen, aber nur in den nächsten paar Tagen, danach nicht, weil dann die Familie zu Besuch kommen würde. Das erinnerte mich daran, dass ich nicht Teil ihrer *echten* Familie war. Ich war völlig überwältigt von diesen Ängsten, und es ging mir eine Zeit lang richtig schlecht.

Zum Glück ließen die Ängste mit der Zeit nach. Ich konnte eine Weile von der Arbeit freinehmen und suchte mir Hilfe. Ich vertiefte mich in die Psalmen und lernte etwas davon, was es heißt, Zuflucht bei Gott zu suchen. Es ging bergauf. Ich wurde wieder dankbar für die Freundschaften, die ich hatte, statt mich auf das zu konzentrieren, was mir scheinbar fehlte.

Und doch sind diese Ängste, wenn auch glücklicherweise in abgeschwächter Form, immer noch irgendwie präsent. Manchmal plagen sie mich noch. Als ich mit den beiden Freunden in New York spontan zusammen zu Mittag aß, sprachen wir auch über unsere Ängste als Langzeit-Singles. Das hatte eine heilsame Wirkung, und es half mir zu sehen, dass ich nicht der Einzige mit solchen Problemen war. Wir tauschten uns auch darüber aus, wie wir solche Phasen der Angst überstehen und was uns zu einer gesunden Sichtweise verhilft. Ich zum Beispiel muss mich immer wieder an bestimmte Dinge erinnern.

Die Vertrauenswürdigkeit Gottes

Ich bin meiner Freundin Kathy Keller sehr dankbar für ihre Erinnerung daran, dass Gott uns keine hypothetische Gnade gibt, sondern nur *tatsächliche* Gnade. Was sie damit meint: Wenn wir uns alle diese Worst-Case-Szenarien ausmalen, dann berücksichtigen wir dabei die Anwesenheit Gottes und seine Gnade nicht, die uns im Ernstfall zur Verfügung stünden. Wie Kathy einmal in einer E-Mail schrieb: „Gott spielt dieses Spiel nicht mit. Er injiziert keine hypothetische Gnade in deine hypothetische Albtraum-Situation, sodass du jetzt schon weißt, wie du dich tatsächlich fühlen würdest, wenn du jemals in diese Situation geraten würdest."[60] Er erweist uns lediglich in konkreten Situationen Gnade. Es hilft uns also nichts, wenn wir diese Szenarien wieder und wieder im Kopf durchspielen, denn wir lassen außer Acht, was Gott tun würde, sollte es jemals dazu kommen. Was wir uns ausmalen, ist eine Situation ohne Gott, ohne seine Gegenwart. Wir sollten uns stattdessen gedanklich lieber mit etwas anderem beschäftigen. C. S. Lewis sagt etwas Ähnliches: „Bedenken Sie: Wir erhalten die Kraft, das zu ertragen, was geschieht, aber nicht für die 101 anderen Dinge, die auch geschehen könnten."[61]

In dieser Zeit der Krise kam ich immer wieder auf eine bestimmte Bibelstelle zurück, die mir auch heute noch ein wunderbarer Trost ist. Es handelt sich um Psalm 139 und die wohlbekannten Worte:

HERR, du hast mich erforscht und erkannt.
Du kennst mein Sitzen und mein Aufstehen,
du verstehst mein Trachten von fern.
Mein Wandeln und mein Liegen – du prüfst es.
Mit allen meinen Wegen bist du vertraut.
Denn das Wort ist noch nicht auf meiner Zunge –
siehe, HERR, du weißt es genau.
Von hinten und von vorn hast du mich umschlossen,
du hast deine Hand auf mich gelegt.
Zu wunderbar ist die Erkenntnis für mich, zu hoch:
Ich vermag sie nicht zu erfassen. (Ps 139,1-6)

In diesem Psalm freut sich David darüber und genießt es, wie umfassend Gott ihn kennt. Es klingt fast ein wenig einengend.

Manche lesen diese Worte und empfinden sie als unheilvoll und bedrohlich, als stünden sie permanent unter einer beängstigenden göttlichen Überwachung. Doch in Wahrheit sind es befreiende Worte. Auf dem Höhepunkt meiner Angst konsultierte ich einen Seelsorger und erkannte dadurch, wodurch sie befeuert wurde. Ich begann, meine Ängste und wie sie mich beeinflussten zu verstehen. Es gab mir eine gewisse Sicherheit zu wissen, wie ich ihnen entgegentreten konnte. Das war eine immense Hilfe. Doch selbst heute kann ich nicht behaupten, ich hätte sie vollkommen verstanden. Wir sind alle tiefe Abgründe; und manche unserer Ängste reichen weit zurück. Wir sind komplexe Geschöpfe. Nicht immer dringen wir bis auf den Grund unserer Unsicherheiten und Schmerzen vor.

Es ist also ein großer Trost zu wissen, dass Gott uns erforscht und erkennt. Er kann uns viel tiefer durchschauen, als wir das selbst können. Auch das, was wir an uns selbst nicht begreifen, ist Gott nicht nur bekannt, sondern umfassend und zutiefst vertraut. Er kennt meine Ängste besser als ich selbst. Und er weiß auch besser als ich, was ich brauche. Wenn ich Angst habe, dann steht dahinter meine Sorge, Gott wüsste nicht, was ich wirklich brauche, und würde mir nicht helfen. Ich sorge mich, dass er mir vielleicht die ersehnte Freundschaft und Gemeinschaft vorenthält oder dass er vielleicht nicht weiß, wie sehr ich beides brauche, und es deshalb übersieht. Deswegen klammere ich mich an diese Aussagen und sage sie mir immer wieder vor:

Gott kennt mich besser, als ich mich selbst kenne.
Gott liebt mir mehr, als ich mich selbst liebe.
Gott liegt meine höchste Freude mehr am Herzen als mir selbst.

Also kann ich ihm vertrauen.

Ich erinnere mich auch daran, dass das Vorübergehende an Freundschaften, das ich sowohl wahrnehme als auch fürchte, ebenso auf alles andere zutrifft. Auch Ehepaare sind davon nicht ausgenommen. Nicht alle Ehen überleben. Ehepartner sterben. Ich kenne Leute, die ihren Partner relativ früh verloren haben. Zu heiraten ist keine Garantie für lebenslange Gemeinschaft und Fürsorge. Kinder zu haben ebenso wenig. Das Leben in dieser tragischen und gefallenen Welt ist für uns alle eine Belastung. Unabhängig von unseren Umständen leben wir alle mit Unsicherheiten. Das ist kein Problem von Alleinstehenden, sondern ein Problem des Lebens. Die einzige Garantie ist, dass Christus uns niemals verlassen oder aufgeben wird. Er ist der Einzige, von dem wir sicher wissen, dass er bei uns bleibt.

Auch wenn ich wandere im Tal des Todesschattens,
fürchte ich kein Unheil,
denn du bist bei mir;
dein Stecken und dein Stab,
sie trösten mich. (Ps 23,4)

Dieser Teil von Psalm 23 steht auf keinem inspirierenden Poster. Wir befinden uns nicht mehr auf üppigen Wiesen und grünen Auen, sondern in den Härten des Lebens. Wir werden daran erinnert, dass Christus nicht nur das ganze Leben hindurch mit uns geht, sondern dass es Momente gibt, in denen er der *Einzige* ist, der uns begleiten kann. In den dunkelsten Winkeln im Tal des Todesschattens ist Jesus bei uns. Nicht einmal der beste Freund oder Ehepartner auf Erden kann mit uns durch den Tod gehen. An irgendeinem Punkt unserer Reise wird uns jeder menschliche Freund verlassen und uns nicht weiter begleiten können.

Während ich über diese Abschnitte und Wahrheiten nachdachte, begann es mir zu dämmern, dass sich das, wonach sich meine Seele im tiefsten sehnt, auch nicht bei den besten irdischen Freunden oder tollsten Ehepartnern finden lässt. Mir wurde bewusst, dass selbst die besten Freunde der Welt nicht ausreichen würden. Das können sie auch nicht. Unsere tiefsten Sehnsüchte und unser Verlangen nach Nähe und Geborgenheit können nur in Christus erfüllt werden. Damit sollen die Bedeutung und die Wichtigkeit von Freundschaften in dieser Welt (ob in der Ehe oder außerhalb) nicht kleingeredet werden. Eine solche menschliche Nähe ist ein wunderbares Geschenk Gottes, das jeder von uns braucht. Wir dürfen es zwar nicht bagatellisieren, müssen es aber relativieren. Sie ist nie das Letzte. Wir werden immer etwas brauchen, von einer völlig anderen Dimension.

Denken Sie an meinen Freund zurück, der von seiner Ehe sagte, sie sei „viel besser, als ich je erwartet oder verdient hätte. Doch sie ist nicht genug". Er sprach nicht von einem Defizit in seiner Ehe, sondern erkannte die Grenzen selbst der größten Intimität an, die dieses Leben zu bieten hat. Wenn die Ehe die Antwort auf unsere tiefsten Sehnsüchte und Bedürfnisse ist, dann machen alle Verheirateten aus meinem Bekanntenkreis etwas falsch. Wie Andrea Trevenna schreibt: „Fragen Sie einen ehrlichen, verheirateten Christen, und er sagt Ihnen, dass keine Ehe es erträgt, alle Hoffnungen, Träume und Sehnsüchte auferlegt zu bekommen."[62]

Wenn uns das klar wird, machen wir eine wichtige Entdeckung. Für Alleinstehende liegt der Schlüssel zur Zufriedenheit nicht darin, aus dem Single-Sein etwas zu machen, was mir letzte Befriedigung schenkt; sondern als Single muss ich Zufriedenheit in Christus finden. Für Verheiratete liegt der Schlüssel zu Zufriedenheit nicht darin, eine Ehe zu führen, die mich letztlich zufriedenstellt; sondern als Verheirateter muss ich Zufriedenheit in Christus finden. Das ist befreiend. Es bedeutet, dass meine Zufriedenheit unabhängig von meinem Familienstand und von der Anzahl und Qualität meiner Freundschaften ist. An ihnen hängt nicht allein, ob mein Leben gelingt. Schauen wir uns einmal an, welche Kraft in diesen Worten Jesu steckt:

> *Ich bin das Brot des Lebens. Wer zu mir kommt, wird nicht hungern, und wer an mich glaubt, wird nie mehr dürsten. (Joh 6,35)*

Im Lauf der Jahre habe ich diese Worte oft gelesen und ihren Sinn doch weitgehend verfehlt. Ich hatte sie immer als eine weitere

Zeile in Jesu Lebenslauf aufgefasst. Wir wissen, dass er der gute Hirte ist und der Weg, die Wahrheit und das Leben. Nun können wir der Liste hinzufügen, dass er auch das Brot des Lebens ist. Doch Jesus ist nicht *neben* vielen anderen Dingen auch noch das Brot des Lebens, sondern er ist es *im Gegensatz* zu allem, mit dem wir es leicht verwechseln. Er informiert mich damit nicht, sondern weist mich zurecht.

Das missverstehen wir leicht, weil wir kaum verstehen, was Brot bedeutet. Das Problem ist, dass Brot etwas ist, das wir zwar gerne mögen, aber nicht unbedingt brauchen. Kürzlich war ich mit meinem Freund essen, und der Kellner kam und bot uns Brot an. Wir lehnten ab und warteten lieber auf das eigentliche Essen. Wenn wir Jesus also sagen hören: „Ich bin das Brot des Lebens", dann denken wir, er würde uns ein bisschen Religion als Beilage anbieten.

Zur Zeit Jesus war Brot das Hauptnahrungsmittel (und in einigen Regionen ist es das auch heute noch). Die Menschen aßen es ständig, nicht, weil sie es so lecker fanden, sondern weil es meistens nichts anderes gab. Kein Brot bedeutete: kein Leben. Man verbrachte den Tag mit Arbeiten, um Brot zum Essen zu haben. Wer kein Brot hatte, verhungerte. So einfach war das. Wenn sich Jesus also als das Brot des Lebens bezeichnete, dann meint er, dass er für unsere Seelen das ist, was Brot für einen verhungernden Magen ist. Er sagt, dass er der Einzige ist, der unsere tiefsten Bedürfnisse stillen kann. Damit drückt er aus, dass alle anderen Dinge, von denen wir denken, dass sie von entscheidender Bedeutung für uns Leben sind, es *nicht* sind. Sex. Ehe. Romantik. Tiefgehende Freundschaft. Es ist nicht so, als seien all diese Dinge unbedeutend, aber sie sind auch nicht *so* bedeutend.

Das hat eine Veränderung in meinem Leben bewirkt, die mir selbst zunächst kaum auffiel. Als junger Christ betete ich inbrünstig für die Gabe der Ehe. Ich sehnte mich verzweifelt danach. Doch kürzlich fiel mir auf, dass ich schon lange nicht mehr dafür gebetet hatte. Das war keine bewusste Entscheidung gewesen, es war mir nur nach und nach weniger wichtig geworden. Und ohne dass ich es bemerkt hätte, dachte ich nicht mehr so viel darüber nach. Die Ehe war nicht weniger gut geworden, sondern nur weniger bedeutsam. Mir wurde klar, dass ich als Christ nichts von letzter Bedeutung verpasse, wenn ich unverheiratet bleibe. Die Ehe ist ein gutes Geschenk Gottes, aber sie ist weder essenziell noch notwendig. Das, was ich am meisten brauche, habe ich bereits im Überfluss. Ich fing an, meine Zufriedenheit in Christus zu finden.

Nichts davon macht das Single-Sein unbedingt leichter. Die Schwierigkeiten sind nach wie vor schwierig. Irgendwann wird mir ein weiterer guter Freund mitteilen, dass er beschlossen hat, nach Usbekistan zu ziehen; oder jemand wird heiraten und von der Bildfläche verschwinden. Es kann auch sein, dass ich selbst wegziehen und anderswo wieder bei null anfangen muss. All das wird sehr wehtun. Es kommen bestimmt Zeiten, in denen sich die Umstände wieder unerträglich anfühlen. Ich will nicht so tun, als würde ich in der Zukunft keinen Zusammenbruch mehr erleben können. Aber ich weiß, dass ich mich nicht auf meine eigenen Fähigkeiten und meine Stärke verlassen muss, sondern auf Gott selbst. Denken Sie über diese wunderbaren Worte nach, die Paulus an seine Freunde in Ephesus schrieb:

Er erleuchte die Augen eures Herzens, damit ihr wisst, was die Hoffnung seiner Berufung, was der Reichtum der

Herrlichkeit seines Erbes in den Heiligen und was die überragende Größe seiner Kraft an uns, den Glaubenden, ist, nach der Wirksamkeit der Macht seiner Stärke. Die hat er in Christus wirksam werden lassen, indem er ihn aus den Toten auferweckt und zu seiner Rechten in der Himmelswelt gesetzt hat, hoch über jede Gewalt und Macht und Kraft und Herrschaft und jeden Namen, der nicht nur in diesem Zeitalter, sondern auch in dem zukünftigen genannt werden wird. Und alles hat er seinen Füßen unterworfen und ihn als Haupt über alles der Gemeinde gegeben. (Eph 1,18-22)

Paulus betet dafür, dass seine Freunde erkennen, wie groß Gottes Macht ist. Nämlich unermesslich. Wir sind in der Lage, die Stärke von allem Möglichen zu messen. Ich kann Ihnen sagen, was das stärkste Getränk ist, die stärkste Chilisoße, das stärkste Gift, die stärkste Bombe, die je explodiert ist. Alle diese Dinge sind erstaunlich stark. Doch sie sind alle messbar. In all diesen Fällen gibt es einen Maßstab oder eine Messtechnik, anhand derer man ihre Stärke im Vergleich zu anderen Dingen ermitteln kann. Doch Gottes Stärke ist unermesslich. Es gibt keine Messtechnik und keinen Maßstab, mit dem sie gemessen werden könnte.

Paulus sagt, dass sich diese Stärke einmal bereits vollkommen gezeigt hat. Gott demonstrierte dies, als er Jesus aus dem Grab holte und in den Himmel erhob. Diese Macht konnte den Tod in Stücke reißen und Christus zum absoluten Herrscher erheben. Hören Sie sich an, wie Paulus ihn beschreibt: Jesus ist „hoch über jeder Gewalt und Macht und Kraft und Herrschaft und jeden Namen“. Verstehen Sie das? Da ist im wörtlichen Sinn kein Platz für jemand anderen. Und für den Fall, dass wir meinen, da einen potenziellen Spielraum entdeckt zu haben, fügt Paulus hinzu: „Nicht nur in diesem Zeitalter, sondern auch in dem zukünftigen." Niemand kommt Jesus gleich. Niemals. Das ist ultimativ und unumstößlich, unübertrefflich und endgültig. Die Stärke Gottes hat das bewirkt. *So* stark ist Gott.

Es gibt einen alten Witz über den Papst, der nach New York City reist. Als er nach seiner Ankunft zu seinem Wagen geht, besteht er darauf, dass sich der Fahrer auf die Rückbank setzt und den Papst selbst fahren lässt. Das ist komplett gegen das Protokoll und absolut unüblich, aber dem Fahrer bleibt keine andere Wahl, als zu gehorchen. Wenn der Papst fahren möchte, dann soll es so sein. Doch in seinem Enthusiasmus, hinter dem Steuer zu sitzen, fährt der Papst zu schnell und wird von einem Verkehrspolizisten angehalten. Der bemerkt, dass es sich um den Papst handelt, und ruft panisch seinen Vorgesetzten an.

„Chef, ich habe ein Problem. Ich habe jemanden wegen überhöhter Geschwindigkeit angehalten, aber er ist sehr mächtig."

„Ist es der Bürgermeister?"

„Nein. Wichtiger."

„Der Gouverneur?"

„Noch mächtiger."

„Moment mal, wollen Sie mir sagen, Sie haben den Präsidenten der Vereinigten Staaten angehalten?"

„Er ist noch bedeutender."

„Wer ist es dann?"

„Keine Ahnung. Aber der *Papst* ist sein Fahrer!"

Wenn *das* der Fahrer ist, dann kann man sich kaum ausmalen, wer wohl hinten sitzt. Und wenn Jesus so erhaben ist, dann stellen Sie sich bloß einmal vor, wie mächtig Gott sein muss, um ihn auf diese Weise zu erhöhen. Und Paulus betet darum, dass seine Leser von dieser Kraft erfahren. Es ist entscheidend, diesen theologischen Aspekt zu verstehen, damit wir die Erhöhung Jesu betrachten und erkennen können, „was die überragende Größe seiner Kraft an uns, den Glaubenden, ist, nach der Wirksamkeit der Macht seiner Stärke". Die Macht, die Jesus erhöhte, bietet Gott nun für Sie und mich, für die Glaubenden auf. Ist das nicht außergewöhnlich?

Für jeden von uns kann das Leben hart sein. Ich kenne Leute, deren Ehe eine einzige Tortur ist, genauso wie ich Alleinstehende kenne, deren Single-Dasein eine Tortur ist. Selbst während ich dieses Kapitel schreibe, überfällt mich hin und wieder die Angst. Das, was ich gerade zur Stelle aus dem Epheserbrief geschrieben habe, gilt nicht nur Ihnen, sondern auch mir selbst. Ich muss mich an diese Macht erinnern, die Gott für mich aufwendet. Ich muss erkennen, dass es zwar vieles gibt, was meine Kapazitäten übersteigt, aber nichts, was Gott nicht bewerkstelligen kann. Ich brauche mir keine Sorgen darüber zu machen, dass es etwas gibt, dem ich nicht gewachsen bin. Ich müsste mir ja nur Sorgen machen, wenn es etwas gäbe, dem Gott nicht gewachsen wäre – und das gibt es nicht. Und das ist wirklich ein mutmachender Gedanke.

Fazit

Seit ich angefangen habe, dieses Buch zu schreiben, hat sich ein enger Freund von mir verlobt, ein anderer hat einen Job in einem anderen Land angenommen, und ich mache seit fünf Monaten eine Art Praktikum in den USA. Alles steht ein wenig kopf. Im Leben gibt es keinen Stillstand. Ich habe gelernt, auf der anderen Straßenseite zu fahren. Ich musste die Rechtschreibkontrolle auf meinem Laptop auf US-Englisch umstellen, was sich ein bisschen wie Landesverrat anfühlte. Doch auf der anderen Seite bin ich ein treuer Botschafter für Marmite, einen herzhaften britischen Brotaufstrich, der für die meisten Amerikaner aussieht wie etwas, das man nach einer Ölkatastrophe von betroffenen Seevögeln abwäscht. Ehrlich gesagt schmeckt es auch so.

Ich habe keine Ahnung, wie das nächste Jahr aussehen wird. Ein Teil von mir hat das Gefühl, der Herr will mich zu einem Umzug bewegen – für mich ein schrecklicher Gedanke. Doch manchmal erscheint mir der Gedanke, nicht umzuziehen, weil Gott mich an meinem bisherigen Platz haben will, sogar noch schrecklicher. Ich weiß es wirklich nicht. Ich bete um Führung und dass Gott sie mich klar erkennen lässt.

Immer mehr wird es mir zum Trost, dass sich Gott nicht verändert. Das heißt aber nicht, dass er statisch wäre. Er ist immer in Bewegung. Doch er ist beständig. Niemals versetzt er seine Torpfosten oder entscheidet sich spontan dafür, alles anders zu machen. Er macht keine Phasen durch. Er ist nicht launenhaft. Er überrascht uns, aber nur in dem Sinn, dass er uns aufrüttelt mit noch tieferer Erkenntnis darüber, wer er schon immer war und wie er schon immer gewirkt hat. Dass es ein unveränderlicher Gott schafft, uns immer wieder zu überraschen, sagt vermutlich mehr über uns aus als über ihn. Er entspricht nicht unseren Erwartungen.

Unsere Reaktion auf einen solchen Gott besteht nicht darin, uns zu sorgen. Auch nicht, uns zu wünschen, dass er etwas mehr wie wir wäre und sich mehr an unsere Art zu denken und zu handeln angleichen würde. Vielmehr müssen wir uns ihm anpassen. Er ist so viel klüger als wir.

Ich bin sehr froh darüber, dass wir in unserer Gemeinde regelmäßig gemeinsam das Vaterunser beten. Es drückt genau aus, was die Nachfolge Jesu von allen anderen Glaubenssystemen unterscheidet. Es steht im Widerspruch zu all unseren Instinkten.

Unser Vater, der du bist in den Himmeln,
geheiligt werde dein Name;
dein Reich komme;
dein Wille geschehe,
wie im Himmel, so auch auf Erden!
Unser tägliches Brot gib uns heute;
und vergib uns unsere Schulden,
wie auch wir unseren Schuldnern vergeben haben;
und führe uns nicht in Versuchung,
sondern rette uns von dem Bösen! (Mt 6,9-13)

Wenn Jesus uns das Beten lehrt, dann will er nicht Gottes Wege unseren Wegen anpassen, sondern umgekehrt. Wir beten für seinen Namen, sein Reich und seinen Willen. Wir sollen nicht nur dafür beten, sondern wir entwickeln dabei auch eine zunehmende Sehnsucht nach diesen Dingen. Ich weiß, dass die Erhöhung meines Namens, die Umsetzung meiner Agenda, das Wachstum meiner Macht weder mich noch sonst jemanden segnet. Die Welt wird nicht zu einem besseren Ort, wenn sie meiner Vision von ihr angepasst wird. An meinen besseren Tagen bin ich mir dessen so bewusst, dass ich beten kann, wie Jesus es uns geboten hat: *Herr, gib mir nicht das, was ich will, sondern das, was du willst.*

Als ich dieses Projekt begann, war mein Ziel ursprünglich, über das Gute am Single-Sein zu schreiben. In der heutigen Gemeinde wird es oft belächelt und herabgewürdigt. Dem wollte ich Abhilfe schaffen. Das will ich auch immer noch, und ich hoffe, dieses Buch trägt dazu bei. Doch während dieses Prozesses ist mir etwas anderes zunehmend wichtig geworden – nicht das Gute am Single-Sein, sondern das Gute an Gott. Es geht nicht darum, ob dieser oder jener Weg besser ist, ob das Single-Dasein oder die Ehe besser für mich wäre. Es geht um Gott und darum, ob ich mich ganz auf ihn werfe und ihm jeden Tag vertraue.

David erinnert uns mit seinen berühmten Worten an Folgendes: „Nur Güte und Gnade werden mir folgen alle Tage meines Lebens; und ich kehre zurück ins Haus des HERRN für immer" (Ps 23,6). Statt „folgen" kann man auch „nachgehen" oder gar „nachjagen" übersetzen. Wir können Gottes Güte und Gnade nicht entkommen. Sie sind wie eine geistliche Fahrzeugeskorte, die uns ständig begleitet. Je mehr wir das begreifen, desto weniger sollten uns Ehe und Single-Sein letzten Endes bedeuten. Streben wir nach Gott selbst, in dem Wissen, dass wir seiner Güte uns gegenüber nie entkommen werden – was auch immer geschieht.

Anhang
Vier Wege, wie man sexuelle Sünde vermeiden kann

Das Leben hat eine Maserung. Wie Papier und Holz hat es seine eigene eingebaute Ausrichtung. Das Universum ist so beschaffen, dass es eine grundlegende Struktur hat. Es folgt einem bestimmten Muster mit bestimmten Konturen. Um gut zu leben, müssen wir so leben, dass wir gemäß dieser Struktur leben und nicht gegen sie. An dieser Stelle kommt das Buch der Sprüche ins Spiel.

In Sprüche 5 geht es vor allem darum, dass sexuelle Sünden der Struktur widersprechen, mit der wir geschaffen wurden. Die hauptsächliche Zielgruppe besteht aus jungen, verheirateten Männern; und dieser Abschnitt warnt sie vor Ehebruch. Vielleicht sind Sie nicht jung oder verheiratet oder auch kein Mann. Aber die Weisheit dieses Textes gilt Ihnen genauso wie jedem anderen auch. Ehebruch mit einer Frau ist nicht die einzige Form sexueller Sünde, doch sie alle folgen demselben Muster. Es hilft jedem von uns, diese Passage zu beherzigen.

Im Lauf des Abschnitts werden vier Wege aufgezeigt, wie wir sexuelle Sünde vermeiden können.

1. Fliehen Sie vor der Versuchung!

Der Autor beginnt mit einer Ermahnung zum Zuhören:

> *Mein Sohn, horche auf meine Weisheit, zu meiner Einsicht neige dein Ohr. (Spr 5,1)*

Es ist eine Tatsache, dass es verschiedene Formen des Zuhörens gibt. Es gibt das müßige Zuhören eines 40-Jährigen, wenn eine Stewardess im Flugzeug erklärt, wie man den Sicherheitsgurt anlegt. Man kann währenddessen jede Menge anderer Sachen machen, ohne wesentliche Informationen zu verpassen. Eine ganz andere Art des Zuhörens findet statt, wenn Ihnen der Arzt erzählt, dass ein Medikament Ihnen das Leben retten kann. Sie hängen an jedem Wort und wollen keine Silbe verpassen. In Sprüche 5 geht es um diese Art des Zuhörens. Seien Sie aufmerksam. Hören Sie gut zu. Es könnte Ihnen das Leben retten.

Und wenn Sie gut zuhören, werden Sie vielleicht sogar selbst zu einem Menschen, dem andere gut zuhören sollten:

> *dass du Besonnenheit behältst*
> *und deine Lippen Erkenntnis bewahren! (V. 2)*

Was ist das Besondere daran? Nun, Lippen können Erkenntnis bewahren oder „mit honigsüßen Worten locken“ (NeÜ). Nun kommt die Ehebrecherin ins Spiel.

> *Denn Honig träufeln die Lippen der Fremden,*
> *und glatter als Öl ist ihr Gaumen. (V. 3)*

Der Schreiber geht einfach davon aus, dass wir dieser Art von Versuchung ausgesetzt sein werden. Es wird vorausgesetzt, dass die Verlockungen sexueller Sünde süß und angenehm scheinen werden. Es klingt so gut. Wir haben das Gefühl, dass es gut schmecken wird. Auf diese Weise versucht zu werden ist kein Zeichen dafür, dass wir als Christen versagt haben, sondern dafür, dass wir ganz normal sind. Wenn wir dagegen immun wären, müsste dieser Vers nicht in der Bibel stehen. Doch er steht hier, und der Schreiber geht davon aus, dass wir, die Leser, das wissen müssen. Und zwar dringend. Wenn Sie diese Passage lesen, sind Sie jemand, der wissen muss, wie sexuelle Sünde wirkt, sodass Sie sich auf den Kampf gegen sie vorbereiten können.

Lektion 1 lautet also: Sexuelle Sünde ist attraktiv. Das dürfen wir nicht bestreiten. Sie hat eine Struktur und einen Reiz, auf die unsere zerbrochenen und verzerrten Herzen ansprechen.

Das gilt für alle Versuchungen. Keine Versuchung präsentiert sich uns als etwas Schreckliches: „Hey, hier ist eine richtig abscheuliche Sünde, in die du dich verstricken kannst. Sie wird dein Leben ruinieren, und danach wirst du dich für den Rest deines Lebens schrecklich fühlen. Machst du mit?“ Nein, Sünde ist verlockend. Sie fühlt sich natürlich an, als würde sie ein tiefes Bedürfnis stillen, als stünde sie auf unserer Seite. Das gilt vielleicht im Besonderen für sexuelle Sünde.

Sprüche 5 geht davon aus, dass das sowohl für die Versuchung gilt als auch für die Person, von der wir uns versucht fühlen. Es gibt bestimmte Kategorien Menschen, mit denen wir nach der Bibel grundsätzlich niemals sexuell intim werden dürfen. Wenn diese oder Sie verheiratet sind. Wenn sie nicht gläubig sind, Sie aber schon. Wenn sie dasselbe Geschlecht wie Sie haben. Die Bibel ist da eindeutig. Doch wenn wir vor Versuchung brennen, fühlt sich das ganz anders an. Sie erscheint uns so lieblich, und diese Art von Intimität fühlt sich so richtig an. Nichts daran wirkt auf uns falsch. Die Sünde spricht honigsüß mit angenehmer Sanftheit. Doch das, was sie verspricht, ist Welten entfernt von den tatsächlichen Konsequenzen.

Sexuelle Sünde ist attraktiv. Wir tun uns keinen Gefallen, wenn wir das leugnen. Wir müssen anerkennen, dass wir nicht immun gegen eine solche Sünde sind.

Sexuelle Sünde macht außerdem süchtig. Schauen wir uns an, wie all das endet:

> *Seine eigenen Sünden fangen ihn, den Gottlosen, und in den Stricken seiner Sünde wird er festgehalten. (V. 22)*

Wir denken gerne, sexuelle Sünden seien ein Weg, um Spannung abzubauen. Wir kämpfen mit Versuchung und meinen, auf diese Weise alles seelisch verarbeiten zu können. Wir glauben, danach könnten wir befreit weitermachen und alles sei so, wie es sein sollte. Wir haben unseren Teil getan, und nun wird die Versuchung schon verschwinden.

Doch das tut sie nicht. Im Gegenteil. Diese Taten umgarnen und binden uns. Jedes Mal, wenn wir eine sexuelle Sünde begehen, erlauben wir ihr, mehr und mehr Kontrolle über uns zu bekommen. Wir gewöhnen uns daran, auf diese bestimmte Weise sexuelle Erfüllung zu finden. Wir geben uns ihr hin. Es ist wie bei jedem Appetit: Je mehr wir ihn stillen, desto größer wird er. Im Laufe der Zeit brauchen wir immer mehr, um Befriedigung zu erfahren. Je öfter wir es tun, desto stärker wird das Bedürfnis, es zu tun; es wird immer leichter, es zu tun, und umso schwerer, damit aufzuhören. Die Sünde gewinnt zunehmend Macht über uns. Mit jedem Schritt sorgen wir dafür, dass sie unser Leben fester im Griff hat.

Die Ansage ist einfach. Wir müssen fliehen:

Nun denn, ihr Söhne, hört auf mich
und weicht nicht ab von den Worten meines Mundes!
Halte fern von ihr deinen Weg
und komm ihrer Haustür nicht nah! (V. 7-8)

Es ist leicht zu glauben, man sei jemand, der der Sünde nahekommen und dann aufhören kann, bevor es zu spät ist. Wir denken, es sei schon okay, diesen Weg einzuschlagen und einfach umzukehren, wenn wir genug haben. Wir erwarten, mit der Sünde verhandeln zu können. Die Weisheit der Bibel behauptet das Gegenteil. Laufen Sie weg! Kommen Sie der Sünde nicht zu nahe! Gucken Sie noch nicht einmal hin!

Es wäre eine Untertreibung zu sagen, dass ich kein guter Läufer bin. Wenn ich, was selten genug vorkommt, einmal joggen gehe, dann ist das Wort „joggen" eine sehr wohlwollende Beschreibung dessen, was ich da gerade tue. Es ist im Wesentlichen ein etwas schwungvolleres Gehen. Menschen mit Rollatoren können mich überholen. Selbst Menschen, die still stehen, haben gute Chancen, mich zu überholen.

Als ich vor ein paar Jahren spät in der Nacht auf dem Heimweg war, beschloss ich, um Zeit zu sparen, eine Abkürzung durch eine schmale, dunkle Gasse zu nehmen. Sie ahnen es bereits: Es geht nie gut aus, wenn in einer Geschichte eine dunkle Gasse erwähnt wird. So stellte ich also fest, dass sich dort drei oder vier Männer aufhielten. Ich entschied mich, an ihnen vorbeizugehen und dabei ganz entspannt zu wirken. Doch gerade als ich vorbeigehen wollte, sprang einer von ihnen auf mich zu. Ich habe keine Ahnung, ob er mich ausrauben oder angreifen oder einfach nur erschrecken wollte. Ich blieb jedenfalls nicht lange genug dort, um das herauszufinden. Auf der letzten halben Meile meines Heimwegs berührten meine Füße kaum den Boden. In dieser Nacht stellte ich fest, dass ich ziemlich schnell laufen kann.

Die Frage ist also: Welche dieser beiden Arten von Laufen charakterisiert unsere Flucht vor der sexuellen Sünde? Ist es eher ein gemächliches Flanieren? Oder rennen wir um Leben und Tod? Vor der sexuellen Sünde zu fliehen bedeutet, bewusst den Abstand so groß wie möglich zu halten. Es bedeutet, alles zu tun, was wir können, um ihr zu entgehen. Für einige von uns heißt das, bestimmte Internetseiten oder Fernsehsendungen oder soziale Umfelder zu meiden, vielleicht auch, die Beziehung mit jemandem zu beenden, selbst wenn uns dieser Mensch viel bedeutet, oder sogar unseren Job zu kündigen. Die Frage lautet nicht, was gerade so eben ausreicht, um der Sünde zu entkommen, es geht um den größtmöglichen Abstand. In den Sprüchen heißt es, dass sich ein weiter Umweg lohnt, damit wir nur ja nicht in ihre Nähe kommen.

Wenn Ihnen all das wie eine Überreaktion erscheint, dann hören Sie noch einmal zu, wie die Geschichte ausgeht:

> *Ein solcher wird sterben aus Mangel an Zucht, und in der Größe seiner Narrheit taumelt er dahin. (V. 23)*

Sexuelle Sünde ist attraktiv und macht süchtig – eine tödliche Mischung. Sie führt uns ins dichte Gestrüpp und sogar ins Grab. Es ist jede Gegenmaßnahme, jedes Opfer wert, sie zu meiden.

2. Denken Sie an die Zukunft!

Wir haben festgestellt, warum sexuelle Sünde so verführerisch ist. Nun sehen wir mehr davon, wohin das am Ende führt. Der Schreiber möchte, dass wir erkennen, worauf das alles hinausläuft:

Und du stöhnst zuletzt,
wenn dein Fleisch und dein Leib dahinschwinden. (V. 11)

Sexuelle Sünde hat Konsequenzen. Und wenn wir sie noch so gerne als bloßen „Seitensprung" oder „One-Night-Stand" bezeichnen – Fakt ist, dass sich sexuelle Sünden nicht so leicht eindämmen lassen. Unter Umständen müssen wir für den Rest unseres Lebens mit den Konsequenzen klarkommen. Einige von ihnen sehen wir hier. Also hören Sie auf das, was Ihr zukünftiges Ich sagen würde, wenn Sie sich auf diesen Weg begeben hätten. Und achten Sie auf den vorherrschenden Tonfall des Bedauerns:

Halte fern von ihr deinen Weg und komm ihrer Haustür nicht nah!
Sonst gibst du andern deine Lebensblüte
und deine Jahre einem Grausamen.
Sonst sättigen Fremde sich noch an deinem Vermögen,
an deinem mühsam Erworbenen in eines Ausländers Haus. (V. 8-10)

Sexuelle Sünde kostet Sie Kraft. Es verzehrt Ihre Energie und Lebenskraft, mit den Folgen zurechtzukommen. Das kann alles von Verbitterung bis zu Erpressung sein, von einem

Gerichtsverfahren bis zu Alimenten. Ihre Ressourcen – finanzieller, körperlicher und emotionaler Art – gehen dabei drauf. Es kann Sie viele Jahre kosten.

Die Warnung geht noch weiter:

Und du stöhnst zuletzt,
wenn dein Fleisch und dein Leib dahinschwinden,
und sagst: Ach, wie konnte ich nur hassen die Zucht,
wie konnte mein Herz nur die Mahnung verschmähen,
dass ich nicht gehorchte der Stimme all derer,
die mich unterwiesen,
dass ich mein Ohr meinen Lehrern nicht zuneigte!
Wie leicht hätte ich ganz ins Unglück geraten können,
mitten in der Versammlung und der Gemeinde! (V. 11-14)

Sexuelle Sünde erscheint uns sehr attraktiv, doch wenn wir den Film bis zum Ende vorspulen, sieht das ganz anders aus.

Es ist eine Tatsache, dass wir an dieser Stelle nicht durch Erfahrung lernen. Nicht auf diesem Gebiet. Wenn es um ihre Kinder und dieses Thema geht, habe ich schon Eltern sagen hören, dass sie besser aus eigenen Fehlern lernen sollen. Eine kleine Grenzüberschreitung hier, ein bisschen Herzschmerz da – das lehre sie einige wichtige Lebenslektionen und gehöre zum Erwachsenwerden dazu. Man solle sie doch ohne Eingreifen der Eltern einfach machen lassen.

Es ist seltsam, aber mir sind noch keine Eltern mit einem ähnlichen Standpunkt untergekommen, wenn es darum geht, dass ihre Kinder Autofahren lernen. „Ich sage ihnen nicht, was sie tun sollen. Wenn sie ein paar Mal gegen einen Baum gefahren sind, kriegen sie den Dreh schon raus.“ Wir wissen, dass die Folgen von Fehlern hinter dem Steuer potenziell zu gefährlich sind, als dass wir sie unsere Kinder einfach machen lassen würden. Doch die Konsequenzen von Fehlern im Schlafzimmer können genauso schlimm sein.

Also hören Sie auf Ihr potenzielles zukünftiges Ich. Sexuelle Sünde sieht jetzt gut aus. Doch sie könnte Sie *alles* kosten. Ihre Freude, Ihre Kraft. Sie könnte das Leben aus Ihnen heraussaugen. Was wir jetzt tun, kann uns für den Rest unseres Lebens entweder segnen oder verfolgen. Ich weiß, dass sich das in diesem Moment nicht so anfühlt, aber es ist so. Es wird so kommen. Ich kenne Menschen um die 40 oder 50, die vollkommen am Ende sind wegen etwas, was sie mit 20 oder 30 getan haben. Also seien Sie freundlich zu Ihrem zukünftigen Ich. Hören Sie, was dieser Mann zu sagen hat:

> *(Du) sagst: Ach, wie konnte ich nur hassen die Zucht,*
> *wie konnte mein Herz nur die Mahnung verschmähen,*
> *dass ich nicht gehorchte der Stimme all derer,*
> *die mich unterwiesen,*
> *dass ich mein Ohr meinen Lehrern nicht zuneigte! (V. 12-13)*

Seien Sie nicht zu stolz, um auf weise Worte zu hören. Gehen Sie nicht davon aus, dass Sie schon alles wissen, was es über all das zu wissen gibt. Glauben Sie nicht, Ihre Intuition sei ausreichend entwickelt. Egal, wie viel Sie bereits herausgefunden haben, die Masse dessen, was Sie noch lernen müssen, ist weit mehr, als Sie sich vorstellen können.

3. Bewahren Sie Ihre Ehe!

Bis hierhin haben wir nur negative Gründe bekommen, warum wir sexuelle Sünden meiden sollen. Doch dem jungen Mann, der versucht ist, Ehebruch zu begehen, hat der Schreiber auch noch etwas Positives zu sagen. Er muss erkennen, dass es überwältigend gut ist, seine Ehe zu bewahren. Also rät ihm dieser Abschnitt, seine sexuelle Erfüllung nur hier zu genießen:

> *Trinke Wasser aus deiner eigenen Zisterne und*
> *was aus deinem Brunnen quillt.*
> *Sollen nach draußen verströmen deine Quellen,*
> *auf die Plätze die Wasserbäche?*
> *Dir allein sollen sie gehören,*
> *doch keinem Fremden neben dir.*
> *Deine Quelle sei gesegnet,*
> *erfreue dich an der Frau deiner Jugend!*
> *Die liebliche Hirschkuh und anmutige Gämse –*
> *ihre Brüste sollen dich berauschen jederzeit,*
> *in ihrer Liebe sollst du taumeln immerdar! (V. 15-19)*

Ich erinnere mich noch daran, wie ich grade begonnen hatte, in der Bibel zu lesen. Wir waren eine Gruppe Teenager, die sich trafen, um über das Gelesene und unsere Gedanken dazu zu reden. Auch wenn es für uns alle recht neu war, in der Bibel zu lesen und darüber zu diskutieren, brauchten wir nicht lange, um diesen Bezug auf Brüste in Sprüche 5 zu entdecken. Wir fanden es wahnsinnig komisch, dass in der Bibel Brüste erwähnt wurden. Aber das zeigte nur, dass unser Christentum viel prüder war als die Bibel selbst. Die Bibel ist kein bisschen peinlich berührt davon, dass Menschen Sex in der Ehe genießen. Ich als Teenager war noch nicht einmal mit der Hälfte davon vertraut. Bei manchen der Bilder hier braucht man nicht viel Fantasie:

> *Trinke Wasser aus deiner eigenen Zisterne und was aus deinem Brunnen quillt. (V. 15)*
> *Deine Quelle sei gesegnet, erfreue dich an der Frau deiner Jugend! (V. 18)*

„Zisterne" und „Brunnen" sind beides Bilder für die weibliche Sexualität, die „Quelle" dagegen für die männliche. Es sollte uns nicht überraschen, solche Bilder in der Bibel zu finden. Schließlich hat Gott ja den Sex erfunden. Er war es, der die menschliche Sexualität entworfen und es Mann und Frau ermöglich hat, ihre sexuelle Vereinigung zu genießen. Sie sind ein Grund zur Freude und zum Feiern. Er machte den Zeugungsakt nicht rein funktionell, er sollte tiefstes Glück bereiten. Das ist auch in gewissem Sinn zu erwarten. Gott ist dreieinig, der ewige Vater, Sohn und Heiliger Geist. Wir wissen, dass sich diese drei Personen der Dreieinheit an ihrer tiefen Gemeinschaft miteinander erfreuen, und diese Liebe geht dann in die Schöpfung neuen Lebens über. Es ist vielleicht keine Überraschung, dass er uns mit der Fähigkeit zu so einer tiefen und schönen Vereinigung geschaffen hat, durch die auch wir neues Leben in die Welt bringen können.

Wir müssen uns daran erinnern, dass die Freude an der Sexualität ganz und gar auf Gegenseitigkeit beruhen soll. Diese Verse sind an einen Mann gerichtet, erzählen also aus seiner Perspektive. Doch sie gilt genauso der Ehefrau, die sich an der sexuellen Liebe ihres Mannes erfreuen und berauschen soll. Paulus macht das im Neuen Testament deutlich:

Der Mann leiste der Frau die eheliche Pflicht, ebenso aber auch die Frau dem Mann. Die Frau verfügt nicht über ihren eigenen Leib, sondern der Mann; ebenso aber verfügt auch der Mann nicht über seinen eigenen Leib, sondern die Frau. (1Kor 7,3-4)

Sowohl die Frau als auch der Mann sollen ihre Ehe bewahren, indem sie sich an ihrer sexuellen Vereinigung erfreuen. Also fragt der Schreiber:

Warum solltest du, mein Sohn, an einer Fremden taumeln und den Busen einer anderen umarmen? (V. 20)

Ich liebe es, wie realistisch die Bibel ist. Das Angebot eines alternativen Rauschs ist da. Der Schreiber behauptet hier auch nicht, dass wir deshalb keinen Ehebruch begehen sollen, weil er keinen Spaß machen würde. Im Gegenteil! Er kann sich genauso berauschend und schwindelerregend anfühlen wie die romantische Erfüllung innerhalb der Ehe. Doch wir kennen seine verheerenden Folgen. Er kann ein ganzes Leben zerstören – emotional, körperlich, geistlich und finanziell. Das Neue Testament beschreibt ihn bemerkenswert knapp als „zeitlichen Genuss der Sünde“ (Hebr 11,25). Es wäre Genuss. So zu tun, als wäre das nicht so, hilft uns nicht dabei, der Versuchung zu widerstehen. Doch der Genuss ist vorübergehend. Einige Momente des Rauschs, ja. Doch dann folgt der Ruin.

Also, meine verheirateten Freunde, bewahren Sie Ihre Ehe. Kümmern Sie sich um Ihr Sexualleben. Einige von uns Unverheirateten können sich nicht vorstellen, dass man ihnen das je sagen müsste, aber die traurige Realität ist, dass sich ein gesundes

Sexualleben in einer Ehe definitiv nicht von alleine ergibt. Selbst junge Paare haben mir erzählt, dass sie seit Monaten oder sogar Jahren keinen Sex mehr hatten. Ältere Paare ringen mit Veränderungen der Libido und den Auswirkungen des Alters auf ihre Sexualität, und sie müssen in der Lage sein, darüber zu reden. Und es erklärt sich eigentlich von selbst, dass man wahrscheinlich nicht in ein gesundes Sexualleben investiert, wenn man nicht auch in die Ehebeziehung an sich investiert, indem man die zugrunde liegende Freundschaft pflegt und vertieft.

Aber was ist mit uns Singles? Solche Worte können wehtun. Es fällt schwer, vom Hochgefühl sexueller Erfüllung zu lesen. Das ist etwas, wonach sich viele von uns sehnen, was sie aber nie haben werden. Oder sie haben es erlebt und fürchten nun, diese Erfahrung nie mehr wiederholen zu können.

Doch auch wir müssen die Warnung in Sprüche 5 beachten. Wir müssen für die Ehen in unserem Umfeld beten, dass sie bewahrt bleiben und gelingen. Wir tragen mit dazu bei, dass sie stark bleiben. Das kann bedeuten, dass wir verheiratete Freunde fragen, wie wir sie als Eheleute unterstützen können. Wir müssen die biblische Lehre in unserem eigenen Leben befolgen und das Ehebett ehren, indem wir ein reines Leben führen. Und wir müssen die Ehe bewahren, die wir in Christus haben. Die Worte über das Hochgefühl, die so schwer zu ertragen sind, sind ein Bild für das Glück, was wir in der Ewigkeit mit Christus erleben werden. Wir sind ihm versprochen und müssen unsere Beziehung mit ihm in Ehren halten, indem wir ihm treu bleiben.

4. Denken Sie daran, dass Gott uns sieht!

Alles, was wir tun, sagen und denken, findet vor den Augen Gottes statt:

> *Denn vor den Augen des HERRN liegen eines jeden Wege, und auf alle seine Bahnen gibt er acht. (Spr 5,21)*

Den Augen Gottes entgeht nichts von dem, was wir tun. Und damit wir ja nicht annehmen, er würde bei unseren Taten einfach ein Auge zudrücken, erinnert uns der zweite Teil von Sprüche 5,21 daran, dass alles, was Gott sieht, auch von ihm wahrgenommen und bedacht wird. Er gibt acht auf alle unsere Bahnen und wägt sie ab.

Das ist eine Warnung an uns.

Manche von uns sind gut darin, mit allem Möglichen durchzukommen. Selbst in einer so vernetzten Welt ist es möglich, ein Doppelleben zu führen. Affären können verheimlicht und Süchte gänzlich im Verborgenen ausgelebt werden. Wir können sehr geschickt darin werden, jede Menge Sachen auf unseren Bildschirmen zu konsumieren, von denen niemand etwas ahnt. Einige meiner Leser haben keine Ahnung, dass ihnen ihr Ehepartner untreu ist oder dass sich ihr Kind auf dem Handy schlimmste Pornos ansieht.

Doch dem prüfenden Blick Gottes entgeht nichts. Das ist einfach unmöglich.

Vor einiger Zeit wurden auf einer der großen Autobahnen nahe meiner Heimatstadt Bauarbeiten durchgeführt, bei denen einige neue Fahrspuren angelegt und andere erneuert wurden. Das heißt, dass über ein Jahr lang nur die Hälfte der Spuren zur Verfügung standen. Das führte zu vermehrten Staus sowie zu einer drastischen Geschwindigkeitsbegrenzung, die mithilfe von Radarfallen kontrolliert wurde. Viele von uns machten zum ersten Mal Bekanntschaft mit ihnen. Ein Freund, der jeden Tag über diese Autobahn zur Arbeit fahren musste, entdeckte eine Möglichkeit, den Kameras zu entkommen. Er kannte den Standort jeder einzelnen Kamera und versteckte sich jeweils im richtigen Moment hinter einem großen Lkw, um nicht gesehen zu werden. Unbeobachtet von den Kameras konnte er dann so schnell fahren, wie er wollte.

Bei einer Radarfalle mag so etwas funktionieren – bei Gott nicht. Andere Leute können wir vielleicht täuschen – Gott jedoch niemals. Es gibt einfach keinen Gedanken, den er noch nicht kennt und über den er nicht alles weiß. Ihm ist jede Internetseite bekannt, die wir uns angeguckt, und jede Fantasie, der wir uns hingegeben haben. Unsere tiefsten Herzensgeheimnisse liegen offen vor ihm. Was uns selbst über unsere Motive oder Begierden unbewusst ist, versteht er vollkommen. Ihm entgeht nichts. Ihn kann man nicht hinters Licht führen. Der Hebräerbrief erinnert uns daran:

> *Kein Geschöpf ist vor ihm unsichtbar, sondern alles bloß und aufgedeckt vor den Augen dessen, mit dem wir es zu tun haben. (Hebr 4,13)*

Selbst eine Inkognito-Internetsuche bietet keine ultimative Sicherheit. Gott kennt jedes Wort, das wir in eine Suchmaschine eingeben. Gott sieht alles. Er nimmt es wahr. Und eines Tages werden wir ihm Rechenschaft für jeden einzelnen Gedanken und jede einzelne Tat ablegen müssen.

Doch in diesen Versen steckt auch Ermutigung. Gott sieht unsere Sünde. Aber er sieht auch unser Bestreben danach, rein und gottgemäß zu sein. Er kennt unsere Kämpfe und weiß, was wir durchmachen. Es gibt Zeiten, da werden wir von sexuellen Versuchungen geplagt und gequält. Die Neigungen unseres eigenen Herzens lassen uns oft am Boden zerstört zurück. Wir sehnen uns danach, dass unsere Sehnsüchte rein und gottgemäß sind und nicht so zerrüttet und schlecht. Auch das sieht Gott alles. Und mehr noch – der Hebräerbrief erinnert uns:

> *Da wir nun einen großen Hohen Priester haben, der durch die Himmel gegangen ist, Jesus, den Sohn Gottes, so lasst uns das Bekenntnis festhalten! Denn wir haben nicht einen Hohen Priester, der nicht Mitleid haben könnte mit unseren Schwachheiten, sondern der in allem in gleicher Weise wie wir versucht worden ist, doch ohne Sünde. (Hebr 4,14-15)*

Wir alle haben auf den unterschiedlichsten Gebieten zu kämpfen. Es kann gut sein, dass niemand Ihre Probleme oder Ihre Schmerzen beim Kampf gegen die Versuchung genau versteht. Doch Jesus versteht sie. Er leidet mit uns. Und er hat für uns gelitten. Das macht ihn zu einem großartigen Erlöser, zu dem wir beten können. Wenn wir in den Kämpfen des Lebens in dieser Welt immer wieder verwundet werden und uns an ihn wenden, verzweifelt auf der Suche nach seiner Hilfe und seinem Schutz, dann verdreht er nicht die Augen. Wenn wir unser Versagen von Herzen bereuen, tritt er nicht mit verschränkten Armen einen Schritt zurück. Er kommt uns nahe, wenn wir uns ihm nahen. Er sieht uns in unserer Mühe, ihm in einer verständnislosen und höhnischen Welt treu zu sein. Unsere Mühe für ihn bleibt niemals unbeachtet.

Bibelstellenindex

Quellennachweis

1 Siehe John Lloyd und David Mitchinson, *The QI Book of General Ignorance,* (Faber & Faber, 2006)

2 Siehe Albert Y. Hsu, *The Single Issue* (London: Inter-Varsity Press, 1998), 9.

3 Zitiert in Kate Wharton, *Single-Minded: Being Single, Whole and Living Life to the Full* (Oxford, UK: Monarch, 2013), 29. Kapitel 1: Singleness Is Too Hard

4 Ich danke meinem Freund Ed Shaw für den entsprechenden Hinweis. Siehe sein Werk *Same-Sex Attraction and the Church: The Surprising Plausibility of the Celibate Life* (Downers Grove, IL: InterVarsity Press, 2015), 105.

5 Für eine gründlichere Erörterung dieses Themas siehe D. A. Carson, *Matthew 13–28, Expositor's Bible Commentary* (Grand Rapids, MI: Zondervan, 1995), 419.

6 Siehe Barry Danylak, *Redeeming Singleness: How the Storyline of Scripture Affirms the Single Life* (Wheaton, IL: Crossway, 2010), 153.

7 Ebd., 157.

8 Vaughan Roberts, True Spirituality: *The Challenge of 1 Corinthians for the Twenty-First-Century Church* (Nottingham, UK: Inter-Varsity Press, 2011), 101.

9 Mike Cosper, *The Stories We Tell: How TV and Movies Long for and Echo the Truth* (Wheaton, IL: Crossway, 2014). Übrigens ein exzellentes Buch.

10 Albert Y. Hsu, *The Single Issue* (London: Inter-Varsity Press, 1998), 55.

11 Ebd.

12 Timothy Keller, *The Meaning of Marriage* (New York: Dutton, 2011), 207–8. (Dt. *Ein Jahr für unsere Ehe*, Gießen: Brunnen, 2021 – hier übersetzt aus dem Englischen.)

13 Ebd.

14 Vaughan Roberts, *True Spirituality: The Challenge of 1 Corinthians for the Twenty-First-Century Church* (Nottingham, UK: Inter-Varsity Press, 2011), 88.

15 Paul Barnett, *1 Corinthians: Holiness and Hope of a Rescued People, Focus on the Bible* (Ross-shire, UK: Christian Focus: 2000), 112.

16 Roberts, True Spirituality, 90.

17 John MacArthur, „Children in the Shade", Lektion, *Council for Biblical Manhood and Womanhood National Conference*, April 2016, abgerufen im August 2017, https://www.youtube.com/watch?v=D7S_zeOxd-g.

18 Keller, *The Meaning of Marriage*, 201–2.

19 Siehe Ben Sasse, *The Vanishing American Adult: Our Coming-of-Age Crisis and How to Rebuild a Culture of Self-Reliance* (New York: St. Martin's Press, 2017).

20 C. S. Lewis, *Was man Liebe nennt* (Basel, Brunnen Verlag, 1989), 76.

21 Ed Shaw, *Same-Sex Attraction and the Church: The Surprising Plausibility of the Celibate Life* (Downers Grove, IL: IVP Books, 2015), 71.

22 Ebd.

23 Lewis, *Was man Liebe nennt*, 64.

24 Wesley Hill, *Spiritual Friendship: Finding Love in the Church as a Celibate Gay Christian* (Grand Rapids, MI: Brazos Press, 2015), 8.

25 Lewis, *Was man Liebe nennt*, 65.

26 Raymond C. Ortlund Jr., *Proverbs, Preaching the Word* (Wheaton, IL: Crossway, 2012), 166.

27 Lewis, *Was man Liebe nennt*, 68.

28 Wenn Sie sehr aufmerksam sind, haben Sie vielleicht bemerkt, dass Jesus in diesem Vers keine „Väter" verheißt. Das spiegelt wahrscheinlich das wider, was er an anderer Stelle über Väter gesagt hat: „Ihr sollt auch nicht jemanden auf der Erde euren Vater nennen; denn einer ist euer Vater, nämlich der im Himmel" (Mt 23,9). Das kann man leicht missverstehen, wenn man andere Aussagen Jesu nicht mitberücksichtigt. An anderer Stelle bestätigt er nämlich das alttestamentliche Gebot „Ehre deinen Vater und deine Mutter" (2Mo 20,12) und weist diejenigen zurecht, die das nicht tun (siehe Mk 7,9-13). Jesus fordert uns also nicht auf, unsere irdischen Väter zu verleugnen – wir sind ihnen immer noch verpflichtet –, sondern er zeigt mit dieser überspitzten Formulierung, dass Gott ein ungleich größerer und besserer Vater ist als jeder irdische Vater.

29 Ed Shaw, *Same-Sex Attraction and the Church: The Surprising Plausibility of the Celibate Life* (Downers Grove, IL: IVP Books, 2015), 42.

30 Andrea Trevenna, *The Heart Of Singleness: How to be Single and Satisfied* (Purcellville, VA: Good Book Co., 2013), 90.

31 Rosaria Butterfield: *Offene Türen öffnen Herzen* (Dillenburg, CV, 2021).

32 Raymond C. Ortlund Jr., *Proverbs, Preaching the Word* (Wheaton, IL: Crossway, 2012), 168.

33 John Piper, *This Momentary Marriage: A Parable of Permanence* (Wheaton, IL: Crossway, 2009), 109. (Dt. *Einfach himmlisch! Was die Ehe über Gott zeigt,* Bielefeld: CLV, 2019, 141f. – hier übersetzt aus dem Englischen.)

34 Ebd., 110 (dt. 143).

35 Barry Danylak, *Redeeming Singleness: How the Storyline of Scripture Affirms the Single Life* (Wheaton, IL: Crossway: 2010), 141.

36 Piper, *This Momentary Marriage,* 111; dt. 143.

37 C. S. Lewis, *Die grosse Scheidung* (Einsiedeln; Johannes Verlag, 1989), 115. Bethany Jenkins bezieht sich auf dieselbe Stelle in „Turning 40 While Single and Childless", Website von The Gospel Coalition, 5. Oktober 2016, abgerufen am 8. Juli 2017, https://www.thegospelcoalition.org/article/turning-40-while-single-and-childless.

38 Jenkins, „Turning 40 While Single and Childless".

39 Matthew Anderson (@mattleeanderson), Twitter, 28. April 2017.

40 Albert Mohler, „Must a Pastor Be Married? The New York Times Asks the Question", AlbertMohler.com, abgerufen am 3. Juli 2017, http://www.albertmohler.com/2011/03/25/must-a-pastor-be-married-the-new-york-times-asks-the-question/.

41 Zitiert in Erik Eckholm, „Unmarried Pastor, Seeking a Job, Sees Bias“, Website der New York Times, 21. März 21 2011, abgerufen am 3. Juli 2017, https://www.nytimes.com/2011/03/22/us/22pastor.html.

42 Barry Danylak, *Redeeming Singleness: How the Storyline of Scripture Affirms the Single Life* (Wheaton, IL: Crossway, 2010), 158.

43 Ebd.; Hervorhebungen im Original.

44 „N. T. Wright on Gay Marriage“, First Things, https://www.first things.com/blogs/firstthoughts/2014/06/n-t-wrights-argument-against-same-sex-marriage, abgerufen am 30. Juni 2018.

45 N. T. Wright, „From Genesis to Revelation: An Anglican Perspective“, in *Not Just Good, but Beautiful: The Complementary Relationship between Man and Woman,* hg. von Helen Alvaré und Steven Lopes (Walden, NY: Plough, 2015), 87.

46 Ich danke Ray Ortlund dafür, dass er mir diese überraschende Erkenntnis verschafft hat.

47 Raymond C. Ortlund Jr., *Marriage and the Mystery of the Gospel* (Wheaton, IL: Crossway, 2016), 19.

48 Wright, „From Genesis to Revelation“, 88.

49 Raymond C. Ortlund Jr., *Proverbs, Preaching the Word* (Wheaton, IL: Crossway, 2012), 16.

50 Ebd., 100.

51 Wright, „From Genesis to Revelation“, 96.

52 http://justus.anglican.org/resources/bcp/German1892/Marriage.htm (abgerufen am 23.9.2021)

53 Glynn Harrison, *A Better Story: God, Sex, and Human Flourishing* (London: Inter-Varsity Press, 2016), 136–7.

54 Ebd., 153.

55 Ebd., 137.

56 Lewis, *Was man Liebe nennt*, 71.

57 Kate Wharton, *Single-Minded: Being Single, Whole and Living Life to the Full* (Oxford, UK: Monarch, 2013), 21.

58 Ed Shaw, *Same-Sex Attraction and the Church: The Surprising Plausibility of the Celibate Life* (Downers Grove, IL: InterVarsity Press, 2015), 61.

59 Carrie English, „A Bridesmaid's Lament: Doesn't Friendship Deserve Some Fanfare, Too? ", Website des Boston Globe, 12. Juni 2011, abgerufen am 6. Juni 2018, http://archive.boston.com/lifestyle/weddings/articles/2011/06/12/a_bridesmaids_lament/

60 Kathy Keller, persönliche E-Mail, 8. August 2017.

61 C. S. Lewis, Brief an Mary Willis Shelburne, in *The Collected Letters of C. S. Lewis, 3 vols.* (New York: Harper Collins, 2007), 3:776. Ich danke Betsy Howard für den Hinweis auf dieses Zitat.

62 Andrea Trevenna, *The Heart Of Singleness: How to be Single and Satisfied* (Purcellville, VA: Good Book Co., 2013), 48.

Buchtipps

Weitere Bücher von Sam Allberry:

Ist Gott homophob?
Und andere Fragen über Homosexualität, die Bibel und gleichgeschlechtliche Anziehung
Tb., 144 S., 11 x 18 cm
Best.-Nr. 271765
ISBN 978-3-86353-765-4

Es ist *das* brisante Thema unserer Zeit. Christen, die Kirche und die Bibel scheinen mit der modernen Haltung zur Homosexualität nicht im Einklang zu stehen. Und es gibt eine wachsende Feindseligkeit gegenüber denen, die die moderne Sicht nicht teilen. Ist Gott etwa homophob? Und was sagen wir zu Christen und Nichtchristen, die sich vom gleichen Geschlecht angezogen fühlen?

Sam Allberry weiß, wovon er spricht. Mit diesem kurzen, leicht verständlichen Buch möchte er verunsicherten Christen helfen zu verstehen, was Gott dazu in der Bibel gesagt hat. Und er zeigt einen positiven und befreienden Weg auf, wie wir uns in der Debatte verhalten können.

Gute Nachrichten für unseren Körper
Was sagt Gott über unseren Leib?
Pb., 224 S., 13,5 x 20,5 cm
Best.-Nr. 271790
ISBN 978-3-86353-790-6

Spiegelt mein Körper mein wahres Ich wider? Und spielt er in meiner Beziehung zu Gott irgendeine Rolle? In Psalm 139 heißt es, der Körper sei „erstaunlich und wunderbar gemacht" – aber das würde nicht jeder so unterschreiben. Vielmehr verbinden viele ihn mit Einschränkungen, Schmerzen und einem permanenten Kampf gegen Versuchungen.

Sam Allberry zeigt, dass der Leib trotz all seiner Beschränkungen ein Geschenk Gottes ist. Er erforscht die zahlreichen Bibelstellen zu diesem Thema und gibt uns Hilfen, wie wir Geschlecht, Sexualität und Identität verstehen und besser mit Alter, Krankheit und Tod umgehen können.

Dieses Buch ist mutig und deutlich, aber gleichzeitig gnädig und warmherzig.

Rosaria Butterfield
Offene Türen öffnen Herzen
Radikal einfache Gastfreundschaft in einer nachchristlichen Welt
Pb., 304 S., 13,5 x 20,5 cm
Best.-Nr. 271752
ISBN 978-3-86353-752-4

Wie erreichte Gott eine überzeugte und radikale Nichtchristin? Nutzte er eine evangelistische Veranstaltung? Oder war es ein Buch, weil sie einen Doktortitel in Literaturwissenschaften besaß? Nein, Gott benutzte eine Einladung zum Abendessen in einem einfachen Haus, von einem bescheidenen Ehepaar ausgesprochen, das einfach nur das Evangelium authentisch auslebte.

Vor dem Hintergrund ihrer eigenen Bekehrung lädt uns Rosaria Butterfield in ihr Haus ein, um uns zu zeigen, wie Gott dieselbe „radikal einfache Gastfreundschaft" gebrauchen kann, um unseren verlorenen Freunden und Nachbarn das Evangelium zu bringen. Sie eröffnet einen neuen Blick: Unsere Häuser gehören nicht uns allein, sondern sie sind Gottes Werkzeuge zum Bau seines Reiches. Einfach dadurch, dass wir solche Menschen, die anders denken und leben als wir, in unserem alltäglichen, manchmal chaotischen Leben willkommen heißen – und ihnen so zu sehen helfen, was wahrer christlicher Glaube ist.

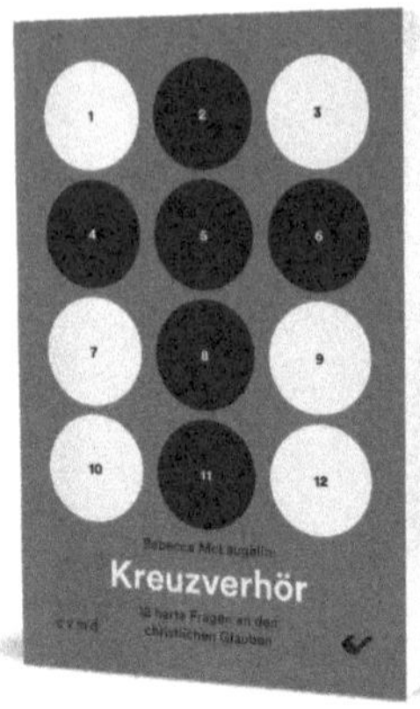

Rebecca McLaughlin
Kreuzverhör
12 harte Fragen an den christlichen Glauben
Pb., 336 S., 13,3 x 20,3 cm
Best.-Nr. 271816
ISBN 978-3-86353-816-3

Auf Grundlage aktueller Forschungsergebnisse, persönlicher Erlebnisse und sorgfältiger Bibelstudien untersucht *Kreuzverhör* kritische Fragen, die viele vom christlichen Glauben abhalten. Doch bei genauerem Hinsehen zeigt sich, dass diese scheinbaren Hindernisse zu Wegweisern auf Jesus Christus werden und zur besten Hoffnung unserer modernen Welt.

Themen u. a.:

- Fördert Religion nicht Gewalt?
- Wie kann man die Bibel wörtlich nehmen?
- Hat die Wissenschaft den christlichen Glauben nicht widerlegt?
- Ist der christliche Glaube nicht homophob?
- Wie kann ein liebender Gott so viel Leid zulassen?
- Wie kann ein liebender Gott Menschen in die Hölle schicken?

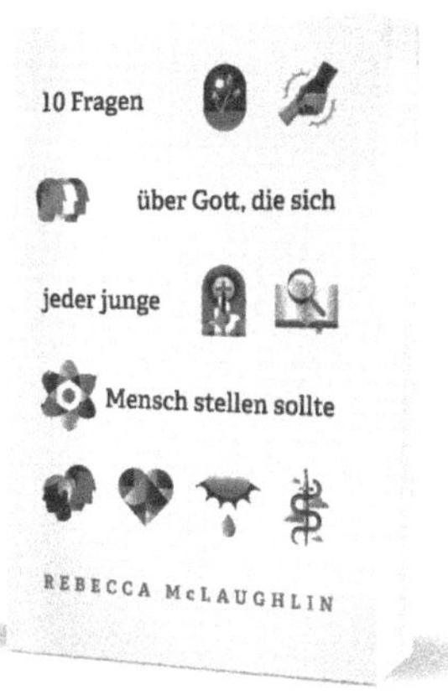

Rebecca McLaughlin
10 Fragen über Gott, die sich jeder junge Mensch stellen sollte
Pb., 240 S., 13,3 x 20,3 cm
Best.-Nr. 271821
ISBN 978-3-86353-821-7

Wie können wir glauben, dass die Bibel wahr ist? Warum können wir uns nicht einfach darauf einigen, dass Liebe Liebe ist? Ist das Christentum nicht gegen Vielfalt und Diversität?

Auf dem Weg zur Schule, beim Abhängen mit Freunden oder beim Scrollen durch die sozialen Medien werden Teenager mit Sicherheit vor echte Herausforderungen in Bezug auf den Glauben an Jesus Christus gestellt. Und unabhängig davon, ob Sie sich selbst als Nachfolger Christi betrachten oder nicht, können diese Fragen wie eine Zerreißprobe wirken.

Gestützt auf modernste Forschung, persönliche Geschichten, Bilder und Vergleiche aus der Jugendliteratur und sorgfältiges Bibelstudium, weicht dieses Buch den schwierigen Fragen nicht aus. Stattdessen lädt es junge Menschen dazu ein, ihre drängendsten Fragen über den christlichen Glauben zu stellen und überraschende, Leben spendende Antworten zu finden.